BoD

Vielen Dank an meine Familie, MitarbeiterInnen, Eltern und Kinder der Gruppe!

Maria Obereder ist Wirtschaftspädagogin, Gstaltpädagogin, Montessoripädagogin, ausgebildet in systemischem Familienstellen und Rainbows-Gruppenleiterin. Sie leitet eine von ihr 2003 gegründete gestaltpädagogische Einrichtung.

Maria Obereder

Die freche Eule und der fliegende Frosch

Integrale Frühpädagogik in Theorie und Praxis

BoD

Titelbild gemalt von Annika

Herstellung und Verlag:
BoD – Books on Demand GmbH, Hamburg/ Norderstedt

Printet in Germany

ISBN 9783844805796

Inhaltsverzeichnis

Bei geschlechtsspezifischen Ausdrücken wird aus Gründen der besseren Lesbarkeit jeweils die männliche Form benutzt. Angesprochen werden damit aber selbstverständlich beide Geschlechter.

Szenen aus dem Arbeitsalltag werden in den Kapiteln 1 bis 5 zur besseren Verständlichkeit und Kenntnisnahme in Rahmen gesetzt. Die Beispiele in diesen Kapiteln beziehen sich nicht auf den Zeitraum, in dem das Tagebuch geschrieben wurde.

Alle Namen der Kinder wurden zum Schutz ihrer Privatsphäre geändert.

1. Einleitung

Michael wird in einem Monat 2 Jahre alt - er nähert sich Tanja -, meiner Mitarbeiterin in der Kindergruppe, mit der ich über die Einleitung zu diesem Buch über Theorie und Praxis einer integralen Frühpädagogik nach Ken Wilber spreche.

> Michael sieht nun neugierig zu Tanja hoch, vielleicht weil sie das Tränchen (das „Trauerviech“ aus Stoff, das von Jorgos Canacakis 1994 entworfen wurde) in der Hand hält, dann sieht er zu mir, und er lacht, während seine dunklen Augen fröhlich funkeln. Als wolle auch er etwas zu dem Thema beitragen, lehnt er sich nun an Tanjas Fuß und rührt sich nicht vom Fleck. Er hat keine rationalen Argumente, mit denen er uns überzeugen kann, wir wissen beide nicht, warum er sich gerade jetzt zu uns gesellt, und warum er immer wieder von mir zu Tanja sieht. Er weiß nicht, wie viele Theorien es schon über Kindheit und Entwicklung gibt, aber er spürt in seinem Rücken Tanjas Fuß, hört meine Stimme und lacht, wenn er mit mir in Augenkontakt kommt.

Michael findet eine Welt vor, die sich wie nie zuvor von der Welt unserer Vorgenerationen unterscheidet. Angefangen bei technischen Errungenschaften, die unseren Alltag verändern, über ständig neue Erkenntnisse der Wissenschaften und vollkommen neue soziale Strukturen und Systeme bis hin zur Kenntnis spiritueller Weisheitslehren aus aller Welt sind wir täglich mit Veränderung und Neuem konfrontiert.
Welches Ziel verfolgt dieses Buch, wenn ich an all das und an Michael vor mir denke?
In unserem komplexen Lebensumfeld sind wir zu Orientierung gezwungen. Wir müssen uns mehr denn je über unsere Motivationen, Vorlieben, Ziele und auch die Zielevaluierung klar werden.
Im pädagogischen Umfeld heißt das: sich mit dem eigenen Menschenbild auseinanderzusetzen, eine Zielformulierung vorzunehmen, die ständige Reflexion des eigenen Standpunkts und ein Anpassen an den neuesten Stand des Wissens.
Was in früheren Gesellschaften aus Traditionen begründet wurde, ist heute manchmal hinderlich, um Klarheit über sich

selbst zu erhalten, ein Verhalten zu erwerben, das Entwicklung ermöglicht, sich über soziale Rahmenbedingungen klar zu werden und sich in den herrschenden Systemen zurechtzufinden.

Als Pädagogin, die mit Kindern im Alter von 2 bis 6 Jahren arbeitet, hatte ich mich lange Zeit intensiv mit verschiedenen pädagogischen, sozialen und psychologischen Konzepten beschäftigt und wurde zunehmend verunsichert. Vieles widersprach sich, manches konnte ich nicht zuordnen und oft fehlte der Dialog zwischen den verschiedenen Ansätzen. Als Mutter wusste ich um viele Fragen, die man sich während der Zeit des Heranwachsens der Kinder stellt.

In der Arbeit mit Kindern im Alter bis zum Schulbeginn ist die Bandbreite der Ansätze zum einen besonders groß, zum anderen gibt es wenig Evaluierung und Austausch, da das Thema Bildung in diesem Alter schwer zu fassen ist. Sollen die Kinder mit drei Jahren Buchstaben schreiben oder Gedichte auswendig aufsagen, wie stark sollen sie mit Medien konfrontiert werden, welche sozialen Kompetenzen müssen sie erwerben, können sie Gefühle wahrnehmen und ausdrücken, und welche Rolle spielt das? Oder sollen Kinder einfach spielen und jede zusätzliche Hinterfragung ist eher hinderlich? Da ich schon einige Jahre mit Kindern in diesem Alter gearbeitet hatte, wusste ich um all die Fragen und Spannungsfelder, und mir schien das Bild des friedlich spielenden, glücklichen Kindes wenig realistisch.

Als ich den integralen Ansatz kennenlernte, war ich begeistert. Ken Wilber ist ein Vordenker eines neuen, ganzheitlichen Weltbildes, der versucht, das menschliche Bewusstsein zu erkunden und zu erklären. Er erstellte eine Art Landkarte des Bewusstseins, in der Wissen, Weisheit und Technologie gemeinsam Platz finden (Habecker 2007, Wilber 2001b).

Es folgte eine lange Auseinandersetzung mit der integralen Theorie. Wir trafen uns in Runden bei Frau Daniela Michaelis und diskutierten oft und lange über die Theorie und auch die Umsetzung und Anwendbarkeit in der pädagogischen Praxis. Dann machte mich Eva auf ein Buch über schwedische Portfolioarbeit aufmerksam, in der es um Transparenz und Entwicklungsförderung der Kinder im Vorschulalter geht. Mit dieser Portfolioarbeit schien es mir möglich, die Brücke

zwischen integraler Theorie und Praxis für die Arbeit mit Kindern im Alter von 2,5- 6 Jahren herzustellen.
Im Gegensatz zur theoretischen Auseinandersetzung mit der integralen Theorie erwies sich die Arbeit mit den Portfolios als überraschend einfach und bereichernd. Die Kinder fanden sofort Zugang zu „ihren Mappen“, zeigten sie stolz Eltern und Besuchern und hatten keinerlei Probleme, Ordnung darin zu halten. Immer wieder staunte ich, mit welcher Selbstverständlichkeit und Freude sie an den Blättern für die Portfolios arbeiteten, wie stolz sie den Eltern beim Eltern-Kind-Gespräch am Ende des Jahres ihre Arbeiten zeigten, und wie genau sie wussten, was sie wann gemalt hatten und was wo stattgefunden hatte.
Für uns als Pädagoginnen waren die Portfolios wertvolle Wegweiser bei unseren Teambesprechungen und im Dialog mit den Eltern über Ressourcen und Stärken der Kinder. Auch war dadurch keinerlei theoretische Erklärung nötig – in den aufgeschlagenen Portfolios, bei den Elterngesprächen lagen ein großer Teil des Tuns des Kindes und der Alltag der Gruppe offen vor uns.
Die Portfolioeinteilung richtet sich nach den vier Quadranten nach Ken Wilber (Habecker 2007), der Inhalt besteht vor allem aus eigenen Arbeiten der Kinder, Entwicklungsdokumentationen nach Brunner und Rottensteiner (2002), Kinderinterviews, Beobachtungsbögen nach Hollerer und Seel (2005) und Themen, die integral aufbereitet wurden. Die Anregung zu den Tagebüchern im zweiten Teil des Buches kam von Frau Daniela Michaelis, die immer wieder die Notwendigkeit und Sinnhaftigkeit von Reflexionen betonte.
Ich führte diese Tagebücher im selben Zeitraum, in dem wir die Portfolios in der Gruppe einführten, und sie beinhalten die Erlebnisse in der Gruppe und Reflexionen darüber.
Als ich die Tagebücher einige Zeit später las, hatte ich die Idee, diese Arbeit auch schriftlich festzuhalten. Ich versuchte, die integrale Landkarte nach Ken Wilbers mit Beobachtungen aus der Gruppe zu verbinden und für das Alter von 2 bis 6 Jahren näher zu erkunden. Daraus entstand dieses Buch.
Im ersten Teil des Buches geht es um den persönlichen Zugang zur integralen Pädagogik. Im zweiten Teil wird die integrale Landkarte von Ken Wilber vorgestellt, wobei immer wieder ein aktueller Bezug auf Gruppenereignisse hergestellt wird. Die

Umsetzung der Theorie in die Praxis durch die Arbeit mit Portfolios der Kinder in der Gruppe ist Inhalt des dritten Teils. Der vierte Teil beinhaltet Auszüge aus der Eltern-Kind-Mappe, die für die Kommunikation mit den Eltern eine wichtige Grundlage bildet. Im fünften Teil wird in einem Gruppentagebuch das Leben in der Gruppe während einiger Monate beschrieben und reflektiert.

Rückblickend gab es viele freudige Momente, aber auch viele Diskussionen und Zweifel. Eine große Frage blieb immer, wozu denn diese umfassende Theorie nötig sei, da doch im pädagogischen Alltag mit den Kindern der Kontakt und das Erleben viel wichtiger sind. Ich denke, es ist beides nötig – ohne Praxis ist jede Theorie unglaubwürdig und ohne Theorie besteht in der Praxis die Gefahr der Stagnation.

Durch den integralen Ansatz entstand für mich ein Bewegungsraum zwischen Theorie und Praxis, in dem es nicht um die duale Bewertung richtig oder falsch geht, sondern um Wachstumsförderung sowohl der Kinder als auch der Pädagoginnen. Damit kam es zu einer großen Bereicherung des pädagogischen Alltags, für die ich sehr dankbar bin.

2. Die freche Eule trifft den fliegenden Frosch

Jetzt – im November – ist es um 17 Uhr bereits dunkel. Auf unserem Weg zum Seeufer tragen wir Fackeln. Beim Näherkommen hören wir Trommelschläge von Trommlern, die um ein großes Feuer am Seeufer sitzen.
Während des vergangenen Monats haben wir viel über Indianer gehört, wir haben über ein Leben in der Natur gesprochen, uns im Garten auf Nahrungssuche gemacht, Tee gekocht und Beerensaft getrunken, im Wald nach Tierspuren Ausschau gehalten. Während eines Morgenkreises in der vergangenen Woche habe ich den Kindern vorgeschlagen, sich selbst Indianernamen zu geben. Diese Namen bestehen aus einem Tiernamen und einer Eigenschaft des Tieres, so zum Beispiel „flinkes Wiesel" oder „starker Bär!".
Elisabeth, neben mir, hatte nur kurz überlegt: „Ich heiße schöne Raupe!" Manfred war der starke Löwe, Bernhard der wilde Leopard, Jonas war das weite Kasachstan, denn sein Papa war für einige Wochen nach Kasachstan gereist, Nora war die süße Biene, Helmut der kluge Hase, dann gab es noch eine flinke Robbe, einen fliegenden Frosch, eine freche Eule und Josef, der sich den Namen Josef gab.
Bei diesem Fest werden alle mit ihrem Indianernamen vorgestellt, wir singen die Indianerlieder der musikalischen Früherziehung. Ich erzähle die Geschichte der Tiere aus dem Buch „Gung Ho" von Ken Blanchard und Sheldon Bowles (2008). Das Eichhörnchen erzählt uns etwas über die Vorräte, die es jetzt im Herbst sammelt, der Biber zeigt uns, wie wichtig Selbständigkeit ist, und die Gans lehrt uns, wie wir einander durch Begeisterung stärken können.
Das Fest am See endete mit einem Lied und heißem Tee für alle.

In allen mir bekannten Einrichtungen wurde um diese Zeit das Martinsfest gefeiert. Der Inhalt des Indianerfestes war das Leben im Rhythmus der Natur und Gung Ho, eine amerikanische Managementdevise. Aber war das ein geeignetes Thema für mitteleuropäische Kinder im Alter von zweieinhalb bis sechseinhalb Jahren im Jahre 2010?

Ich leitete sieben Jahre lang eine gestaltpädagogische Kindergruppe für Kinder im Alter von 2,5 bis 6 Jahren, wobei mir mein Beruf viel Freude machte. Ich wünschte mir in meiner Arbeit mehr Klarheit über die Lernentwicklung einzelner Kinder, geeignete altersgemäße, zeitgerechte Themen und pädagogische Qualität.

In der Kindergarten-Skala (Tietze et al. 2001) werden 43 Merkmale genannt, die sich auf die Förderung der Entwicklung von Kindern im physischen, sozialen, emotionalen und kognitiven Bereich beziehen. Aber wie können diese 43 Merkmale sinnvoll in den Alltag integriert werden?

Seit einem Jahr hatte ich in Eva eine Dialogpartnerin gefunden, mit der ich viele fachliche Fragen besprechen konnte. Eva, deren Enkeltochter in meiner Gruppe war, hat als Volksschullehrerin und Philosophin vielfältige Erfahrungen mit alternativen Lehrmethoden, neuen Konzepten und ganzheitlichen Ansätzen zur Persönlichkeitsförderung gesammelt. Immer wieder sprachen wir über die Wichtigkeit eines geistigen Fundaments, das in den ersten Jahren sowohl körperlich als auch geistig und seelisch geschaffen wird, und auf dem das Kind aufbauen kann.

Bei allen Überlegungen versuchten wir, theoretische Erkenntnisse mit praktischer Umsetzung zu verbinden. Das Thema „Indianer“ schien uns gut geeignet, bei den Kindern Verständnis für das Leben in und den konkreten Umgang mit der Natur zu wecken. Wir beobachteten das große Interesse der Kinder beim Sammeln von Teeblättern, beim Ausgraben von Kartoffeln und Backen von Brotteig über offenem Feuer und verbanden diese Erlebnisse mit Liedern und Erzählungen über das Leben in einem Indianerstamm.

Inhaltlich war das Thema „Indianer“ ein Teil der Themenbereiche Erde – Feuer – Wasser – Luft, die Eva im Laufe ihrer Unterrichtstätigkeit schon längere Zeit für Volksschulkinder bearbeitete. Wir überarbeiteten es nun für kleinere Kinder, um damit Zugänge zu schaffen, die – altersgerecht aufbereitet – eine Basis für späteres Wissen bilden konnten.

Dabei sollte ein Verständnis für einfache Vorgänge durch aktives Tun der Kinder wachsen – wir experimentierten mit Wasser, bauten im Wald Häuser, besuchten einen Bauernhof, verglichen Walderde mit Gartenerde und beobachteten einen

Kompostplatz. Immer wieder staunten wir über die nicht endende Begeisterung der Kinder, Nüsse zu knacken, in der Erde zu graben oder im Wald nach Abenteuern zu suchen.
Dennoch suchten wir beide nach einem Überbau, in dem auch psychologische und soziale Fragen beinhaltet waren. Denn nicht nur Sachthemen, sondern auch gruppendynamische und soziale Prozesse waren zu lösen.

Gerda beteiligt sich an keiner Gruppenaktivität, sie bleibt meist auf der blauen Insel, um von dort alle Vorgänge zu beobachten. Sie nimmt weder am Morgenkreis noch an der Jausenzeit teil, in der Freispielzeit ist sie aber sehr aktiv und gut gelaunt.

Wie kommen Kinder in Kontakt?
Welche Kontakte sollen von den Pädagogen initiiert werden?
Welche Prozesse entstehen?
Wann ist eine Intervention nötig?
Was nehmen die Kinder der Gruppe wahr – was nehmen die Pädagogen wahr?
Welche Beziehungen wachsen?
Wie und wo kann Selbstverantwortung gefördert werden?
Welche Kommunikationsformen bestehen?

Innerhalb der Kindergruppe gab es teilweise schwierige Ablösereaktionen von den Eltern und es kam zu verbaler Aggression zwischen den Kindern. Ich beobachtete destruktive Strategien wie Zerstörung und heimliche körperliche Angriffe auf andere Kinder sowie Verweigerungsverhalten „da mach ich nicht mit!"
Viele theoretische Abhandlungen geben auf diese konkreten Fragen aus Alltagssituationen keine Antworten.
Welche Ziele sollen gesetzt werden, und woran sind die erreichten Ziele zu erkennen?
Die oft unterschiedlichen Wertesysteme der Eltern waren zwar kein Thema im Gruppenalltag, wurden aber bei auftretenden Problemen immer wieder artikuliert. Es stellte sich die Frage, wie man Kommunikationsstrukturen schaffen kann, um den so wichtigen Austausch mit den Eltern zu gewährleisten.

Welche Ergebnisse der Gehirnforschung sind wichtig? Wie können die Kinder für den Übergang in die Schule gestärkt

werden? Wo endet die Freiheit des einzelnen Kindes, wo gibt es Grenzen?
Welche Interaktionen finden statt? Welche Werte herrschen in der Gruppe, welche in der Herkunftsfamilie? Wie kann eine Reflexion des eigenen Standpunkts vor dem Hintergrund der eigenen Persönlichkeit und Lerngeschichte erfolgen?
Und vor allem: Gibt es eine Möglichkeit, all das zu dokumentieren und darüber zu reflektieren?
Immer wieder staunte ich über die Freude am Lernen, die Präsenz der Kinder und ihr kreatives Potential, Spiele aus dem Augenblick heraus zu entwickeln. Trotzdem konnte ich mir viele Ereignisse mit entwicklungspsychologischem Wissen nicht erklären.
Welche weiteren Zugänge gibt es und wie können sie in die Gruppenarbeit integriert werden? Wie ist die Übersetzung der Theorien in die Praxis möglich? Wie können unterschiedliche Konzepte nebeneinander Platz finden und wissenschaftliche Ergebnisse in die Arbeit einfließen? Gerade im Bereich Frühpädagogik scheint die Kluft zwischen Forschungsergebnissen, Konzepten und Praxis sehr groß. Viele Konzepte bedürfen einer intensiven Auseinandersetzung. Sie sind zwar als Orientierungshilfe wertvoll, können aber nicht auf alles eine Antwort geben.
Wie kann der individuellen Entwicklung jedes Kindes in einer Gruppe Rechnung getragen werden? Gesellschaftliche Veränderungen haben sich rapide vollzogen, was sich auch auf Erziehungssysteme und-ziele auswirkt. In vielen Artikeln über Kindererziehung herrschen unterschiedliche Meinungen über richtige und falsche Erziehungsmethoden.
Nicht nur Artikel sind voller Widersprüche, auch Konzepte scheinen kaum kompatibel: Habe ich ein Kind vor mir, dessen Handlungen auf Triebbefriedigung ausgerichtet sind und in Grenzen gewiesen werden muss, oder ist vor mir ein Kind, das nach Maria Montessori „Baumeister seiner selbst“ ist und mit unglaublicher Aktivität am Aufbau der eigenen Persönlichkeit arbeitet?
Eric Berne (2005), der Begründer der Transaktionsanalyse, spricht von der Bildung des Kindheits-Ich, in dem „Anmut, Freude und schöpferische Impulse“ zu finden sind. Auch ist es der Speicher unserer Gefühle und unseres eigentlichen Selbstbewusstseins (Babcock/Keepers 1998). Systemische

Familientherapie versucht, Dynamiken innerhalb von Systemen und damit verbundene Rollenfixierungen aufzuzeigen. Alle Ansätze spielen stark in die theoretische Auseinandersetzung mit dieser Altersstufe hinein. Oft ist das Verhalten in der Gruppe dem Verhalten in der Herkunftsfamilie sehr ähnlich (Hellinger 2002).
Welche Haltungen stehen hinter all diesen Theorien? „Die gestaltpädagogische Haltung könnte man etwa so formulieren: Der Mensch strebt nach Harmonie mit sich und seiner Mitwelt und nach Selbstentfaltung, wenn er nur genügend hilfreiche Unterstützung erfährt.“ (Reichel/Scala 1996, S.65)
Wie kann eine Orientierung möglich werden, die um viele Theorien und Haltungen dahinter weiß, ohne sich dogmatisch an ein Konzept zu klammern?
In unserem Gruppenalltag gab es klare Strukturen und es wurde versucht, die Lernbereitschaft der Kinder mit positiven Emotionen zu verbinden: Wir versuchten, die Themen prozessorientiert zu finden, die Kinder konnten sich Auszeiten nehmen und in einer vorbereiteten Umgebung selbst Prozesse initiieren (nach Maria Montessori, 1996). Es gab vielfältige Austauschmöglichkeiten mit den Eltern (Bring- und Holzeiten, Elternabende, Eltern-Kind-Gespräche). Dennoch fiel es mir schwer, all die einzelnen Elemente zu strukturieren.
In einer Supervision brachte mich meine Therapeutin Christine Harter auf die Idee, im Rahmen einer Diplomarbeit einer Pädagogikstudentin die Arbeit in der Kindergruppe zu beschreiben. Frau Suntinger, eine ausgebildete Kleinkindpädagogin, begeisterte sich für das Thema. Zu dieser Zeit gab es noch keinen Lehrstuhl für Frühpädagogik, aber Frau Daniela Michaelis vom Institut für Schulpädagogik, eine Gestalttherapeutin, machte den Vorschlag, die Diplomarbeit über „Vorschulpädagogik integral“ zu verfassen, um damit einen breiteren Zugang zur Thematik zu finden.
Damit begann eine intensive Auseinandersetzung mit der integralen Theorie. Während Frau Suntinger ihre Diplomarbeit verfasste, versuchten wir, uns mit der integralen Theorie nach Ken Wilber vertraut zu machen.

Ken Wilber ist ein Naturwissenschaftler und Buddhist, der über eine große Kenntnis der Weltreligionen verfügt. Er hat sich auf vielen Gebieten großes Wissen angeeignet und daraus ein

Denksystem entwickelt, in dem es um die Fähigkeit zur Zusammenschau geht. Ken Wilber entwirft eine integrale Vision, die versucht, Kunst, Moral, Ethik und wissenschaftliche Disziplinen einzubeziehen und aus diesen Erkenntnissen heraus zu einem integralen Leben zu weisen (Wilber, 2001a).
Eva war begeistert – denn nun hatten wir einen theoretischen Überbau gefunden, der viele Modelle menschlicher Entwicklung enthält, nach deren Gemeinsamkeiten sucht und ein Spektrum des Bewusstseins aufzeigt. Wir besprachen die Elemente der integralen Theorie, trafen uns regelmäßig in einer Runde um Frau Daniela Michaelis, versuchten schon Bekanntes in das Neue einzuordnen und beschäftigten uns mit der Frage, wie das in unseren Alltag einfließen konnte. Gleichzeitig bildete sich in Graz ein integraler Salon, den wir regelmäßig besuchten.
Wir begannen, integrale Elemente nach Ken Wilber in die Themenaufbereitung einzubeziehen und zusätzlich die Beobachtungsbögen nach Gardner (Brunner/Rottensteiner 2002) in die Arbeit zu integrieren. Aber wie konnte all das transparent gemacht werden?
Die Zeit vor Schulbeginn zeichnet sich durch Prozessorientierung und viel Spontaneität aus. Die Ressourcen der einzelnen Kinder werden oft erst durch intensive, zeitaufwendige Reflexion des Gruppenalltags wahrgenommen, Entwicklungsschritte verlaufen fließend, und man findet wenig Zeit, die Beobachtungen den Eltern mitzuteilen. Zusätzlich fällt es den Kindern noch schwer, ihre subjektiven Befindlichkeiten verbal zu äußern, und die Grenze zwischen Fantasie und Realität ist fließend. So werden zuhause Fantasiegeschichten erzählt, nicht weil die Kinder lügen, sondern weil es ihrem Erleben entspricht.
Der Inhalt des Buches „Portfolios im Kindergarten – das schwedische Modell" von Göran Krok und Maria Lindewald (2007) führte zur Idee, die integrale Arbeit mit Portfolioarbeit zu verknüpfen, um Transparenz zu schaffen und ein Instrument zu bekommen, das auch den Eltern und Kindern zur Verfügung steht.
Für jedes Kind wird eine Portfoliomappe angelegt, in der die Arbeiten des Kindes, Kinderinterviews, Themen der Gruppe und Ereignisse im Gruppenalltag chronologisch geordnet aufbewahrt werden. Die Portfoliomappen stehen für die Kinder

erreichbar im Gruppenraum – die Organisation wird von den PädagogInnen übernommen. Sie besprechen die Einteilung der Mappen mit den Kindern, ordnen Zeichnungen ein und dokumentieren die behandelten Themen, die Kinder dürfen ihre Portfolios jederzeit ansehen oder selbst erweitern.

Das Portfolio hat mehrere Aspekte:

1. Als Bildungsdokumentation zeigt es Entwicklungsschritte auf und ist ein Begleiter durch die Jahre in der Gruppe.
2. Individuelle Ressourcen des Kindes werden sichtbar und dem Kind selbst bewusst.
3. Es ermöglicht die Kommunikation zwischen Eltern, Kind und Pädagogen bei den gemeinsamen „Mappengesprächen" am Anfang und Ende des Jahres – die Kinder zeigen den Eltern, was ihnen in ihrem Portfolio wichtig ist, was sie gemacht haben, welche Ereignisse stattfanden. So bekommen die Eltern einen guten Einblick in das Erleben des Kindes und an der Art des Gesprächs erkennen sie die Kommunikationskultur in der Gruppe.

Außerdem zeigen die Kinder ihre Arbeiten in den Portfolios mit viel Freude, und Vorlieben oder für das Kind wichtige Ereignisse sind erkennbar.
Die Portfolioarbeit orientiert sich an der integralen Landkarte, die Portfolios sind Entwicklungstagebücher der Kinder, die so gestaltet sind, dass sie sich inhaltlich an der integralen Theorie orientieren. Im Mittelpunkt stehen die Persönlichkeitsentwicklung des Kindes, seine Lernstrategien und Ressourcen. Damit wird eine differenzierte Reflexion des Pädagogen bzw. eine Standortbestimmung und daraus folglich eine Zielortbestimmung möglich.

3. Integrale Frühpädagogik

Ein halbes Jahr nach Beginn der Diplomarbeit von Frau Suntinger saßen wir im Kreis, um über einen Projektantrag „Integrale Pädagogik“ zu sprechen, als Eva etwas müde und ungeduldig meinte: „Nun habe ich mich schon so lange mit der integralen Theorie beschäftigt, ich möchte endlich wissen, was integrale Pädagogik in der Praxis wirklich ist!“
Pädagogik sieht man nicht, man riecht sie nicht und doch wird sie mit zunehmend komplexen gesellschaftlichen Rahmenbedingungen aus folgenden Gründen immer wichtiger:

– Uns stehen viele verschiedene Möglichkeiten zur Verfügung eine Individualentwicklung aufzuzeigen und zu fördern.
– Eine Wissensexplosion auf vielen Gebieten führt zu zahlreichen Forschungergebnissen, es dauert oft viele Jahre sich in ein spezielles Fachgebiet zu vertiefen. Auf jeder Bildungsstufe ist es wichtig sich über den Umfang und die Vermittlung von Wissen klar zu werden.
– Daneben öffnen sich Kulturräume und das soziale Miteinander steht vor großen Herausforderungen, sowohl was die Umwelt, als auch was Rahmenbedingungen des Zusammenlebens betrifft. Das Aufzeigen von Gruppendynamiken ist wichtig, um einen Gestaltungsspielraum zu bekommen.
– Neue Strukturen im Bildungssystem sollen den Herausforderungen einer hochtechnisierten Gesellschaft gewachsen sein.

„Bei dem was wir integral nennen, handelt es sich um einen erweiterten Bewusstseinszustand, unter dem wir pädagogische Praxis und Praxistheorie betrachten. Dieses erweiterte Bewusstsein ist schlagwortartig gekennzeichnet durch Vielperspektivität bzw. Aperspektivität, durch Vieldimensionalität, durch lebenslange Entwicklungsorientierung und durch konsequente Dialogorientierung. Das Integrale intendiert damit nicht weniger als einen grundlegenden Bewusstseinswandel, der viele Dimensionen des Erlebens, der Wahrnehmung und der Erkenntnis erfasst.“ (Fuhr 2004, S. 3)

Ken Wilber unternimmt den Versuch, neben vielen Unterschieden in Kulturen und Menschheitswissen Gemeinsamkeiten zu finden und damit Orientierung zu schaffen. Diese Gemeinsamkeiten finden sich in Quadranten, Ebenen, Linien, Zuständen und Typen. Das Problem der unterschiedlichen und widersprüchlichen Welt- und Menschenbilder löste Ken Wilber mit einer Entdeckung: Die verschiedenen Methoden und Konzepte wenden sich an verschiedene Ebenen der Person, die man sich vorstellen kann wie verschiedene Radiofrequenzen. (Wilber 2001b).
Im Laufe seines Lebens durchläuft der Mensch in einem Wachstumsprozess Stufen der Entwicklung, von der Egozentrik des Kleinkindes über die spätere Soziozentrik bis hin zum globalen Zusammengehörigkeitsgefühl. Auf jeder Stufe der Entwicklung kann es zu Wachstumsstörungen kommen, die mit verschiedenen Methoden behandelt werden können.

4. Elemente der integralen Landkarte in der Frühpädagogik

Die fünf Elemente Ebenen, Linien, Typen, Zustände und Quadranten (AQUAL) werden als integrale Landkarte bezeichnet. Auf dieser Landkarte befinden sich Entwicklungswege, die durch Quadranten, Linien, Ebenen, Zustände und Typen führen. Kennt man den Standort, kann man sich orientieren und einen Weg fortsetzen – oder einen anderen Weg einschlagen.
Den Kernpunkt bilden die Quadranten, die einen Bewegungsraum darstellen, um ein Geschehen von verschiedenen Blickrichtungen zu betrachten. Viele Theorien werden diesen Blickrichtungen zugeordnet. Das erweist sich im pädagogischen Alltag als überaus effektiv. Es zeigt uns, wieviele Gründe und Ursachen dem Verhalten eines Kindes zugrunde liegen können. Die Quadranten / Perspektiven geben einen Hinweis, welche Sichtweise möglich ist und welche Konzepte es dazu gibt.

4.1 Quadranten / Perspektiven

„Das Fundament von Ken Wilbers integraler Philosophie ist die Erkenntnis, dass jedes Geschehen, jedes fühlende Wesen oder Objekt im (beseelten) Kosmos aus mindestens vier grundlegenden Perspektiven, entsprechend der inneren, der äußeren sowie der individuellen und der kollektiven Sichtweise, betrachtet werden kann. In der oberen Hälfte des 4-Quadranten-Modells repräsentiert der obere linke Quadrant die innere Sichtweise eines Individuums (als „Ich" oder subjektives Bewusstsein), der obere rechte Quadrant repräsentiert die äußere Sicht auf ein Individuum (als ein „Es" oder eine objektive Betrachtung). In der unteren Hälfte repräsentiert der untere linke Quadrant die innere Sichtweise eines Kollektivs (als ein „Wir" oder eine intersubjektive Kultur), der untere rechte Quadrant repräsentiert die Sicht von außen auf ein Kollektiv (als „Sie" oder eine interobjektive Gesellschaft).

Dabei handelt es sich immer um vier unterschiedliche Betrachtungsweisen eines einzigen Ereignisses. Wilber glaubt, dass „alle vier Dimensionen dieser Matrix essentielle Komponenten jedes wirklich integralen Ansatzes sind.“ (Habecker 2007, S. 26)

indivuduell- innen **1.Quadrant** Gefühle, Selbstwert .....Ich fühle mich heute.... subjektiv wahrnehmbar	**individuell- außen** **2.Quadrant** beobachtbares Verhalten am Kind ...Das Kind ist heute unruhig... von außen beobachtbares Verhalten
kollektiv WIR- innen **3.Quadrant** Gruppenerleben, wie empfinden Gruppen-mitglieder die Gruppe, Dynamiken	**kollektiv- außen** **4.Quadrant** Gruppengröße, Struktur der Gruppe, juristische Rahmenbedingungen und Organisation

In einer Gruppe gibt es viele „Ichs“ mit unterschiedlichen Gefühlen und Perspektiven, die miteinander in Beziehung stehen, zusammen sind sie Mitglieder des „Wir“ der Gruppe. Jedes dieser „Ichs“ hat subjektives Empfinden und Erleben (1. Quadrant), kann von außen betrachtet und nach seinem Verhalten, seinem Körper, seinen Äußerungen wahrgenommen werden, wobei Neurotransmitter hinter den Gefühlen stehen und der Neokortex innere Visionen hervorruft (2. Quadrant).
Das „Wir“ der Gruppe hat Werte und Ziele, Kommunikation stellt Kontakt her, es können Beziehungen wachsen (3.Quadrant). Das „Wir“ der Gruppe findet in einem institutionellen Rahmen statt (4. Quadrant).
Entwicklungsstufen zu größerer Bewusstheit können aus verschiedenen Blickwinkeln betrachtet werden. Was empfindet das „Ich“, wie verhält es sich, wie zeigt sich das in der Gruppe?

Tabelle 1: Entwicklungsmodelle für die frühe Kindheit in den Quadranten (eigene Darstellung nach Wilber 2001).

indivudell- innen **1.Qudarant** Seelisch-geistige Entwicklung, Indivudualisierung **Montessori**: Kind als Baumeister seiner selbst – Individualisierung **Erikson**: Urvertrauen – Urmisstrauen Autonomie – Abhängigkeit Initiative – Schuldgefühl **Steiner**: bis zum 7. Jahr werden die äußeren Sinne freigegeben – Imagination, Fantasie, Vorbildwirkung ist wichtig **Wlber:** präpersonale Phase (physisch-geistig-emotional) **Freud**, **Adler, Jung:** (Individualpsychologie), Persönlichkeits-entwicklungstheorien **Berne:** (Transaktionsanalyse) Bildung von Selbstvertrauen und Werten, Bereich ist von außen nicht nachvollziehbar – nur durch subjektive Aussagen feststellbar. **Ciompi**: Emotionale Grundlagen	**individuell-außen** **2.Quadrant** Wahrnehmbare, körperliche, sprachliche, kognitive Entwicklungen **Ergebnisse der Gehirn-forschung**: Es gibt Zeitfenster, in denen eine optimale Entwicklung stattfindet – zuerst entwickeln sich die alten Teile des Gehirns, dann der Frontallappen mit sozialen Kompetenzen, von außen wahrnehmbare Kon-zentration und Lernstrategien. Lernen geschieht durch Aktivität und positiven emotionalen Zugang – es bilden sich im Gehirn Synapsenverbindungen, die sich aber erst durch Wiederholung festigen (Myelinisierung). **Montessori:** sensible Phasen

kollekiv WIR- innen **3.Quadrant**	**kollektiv- außen** **4.Quadrant**
Kultureller Hintergrund und Leben in der Gruppe. **Beck/Cowan**: Kinder lernen eine Art Stammesbewusstsein in diesem Alter, Gestaltung des Gruppenalltags-Rituale, Voraussehbarkeit, Regeln, Kommunikation. Themen, die sich aus Prozessen ergeben oder kulturellen Hintergrund haben, an die Erfahrungen der Kinder anknüpfen und so eine sinnliche Verständnis-basis für späteren Wissenserwerb schaffen. Einbeziehung kreativer Medien. Thematisieren gruppendynamischer Prozesse.	Räumliche Ausstattung, Organisationsform der Gruppe, gesetzliche Rahmenbedingungen.

Individell- innen
1. Quadrant

Er stellt den subjektiven Aspekt des Bewusstseins dar – das individuelle Bewusstsein, das über körperliche Wahrnehmungen über mentale Vorstellungen hin zu Seele und Geist führt. Hier geht es um Fragen des Selbstwerts und des Selbstgefühls. Wie erlebt sich das Kind, was ist ihm bewusst, wie fühlt es sich – Gefühle, Selbstwert, Bewusstsein, Selbstbilder werden hier fokussiert.

Wahrnehmbar ist die subjektive Befindlichkeit nur vom Individuum selbst. Wie nimmt sich das Kind selbst wahr, wie sehr hat es Ereignisse integriert, was fühlt das Kind. Der Innenbereich des ersten Quadranten ist nicht direkt wahrnehmbar – ein Kind, das traurig ist, kann aggressiv reagieren, oder sich sehr dominant verhalten.
In der frühkindlichen Entwicklung gibt es Entwicklungsschritte des Bewusstseins, die vom vollkommen abhängigen Säugling (physisches Selbst) über den Beginn der Individuation durch ein individuelles emotionales Selbst bis hin zum Kind als Baumeister seiner selbst, dem geistigen Selbst – das Kind lernt zu sprechen, denken und sein Verhalten zu kontrollieren – führen.

„Da auf dem Bild bist du traurig, weil du allein bist." Das vierjährige Mädchen sitzt vor der Zeichnung ihrer Freundin. Sie hat ein Gefühl herausgelesen, und dessen mögliche Ursache genannt. Nun hockt sie bei ihrer Freundin und greift auch zu Stiften und Papier, um ein Bild über eigene Gefühle zu malen. Die Zeichnung kommt in ihre Portfoliomappe in den Bereich ICH.

Wie nehmen Kinder die Welt um sich wahr, wie denken sie über Ereignisse im jeweiligen Umfeld, wie ordnen sie Erlebtes ein?

Ich und du, wir sind verschieden, wir haben eigene Gefühle, eigene Bedürfnisse, einen eigenen Rhythmus.

Die Anzahl der Theorien über die Entwicklung der Kinder in diesem Alter ist groß.
Laut Erikson (1973) bildet sich im 1. Lebensjahr das Urvertrauen, welches bei einer Verletzung zu einem Ur-Misstrauen führen kann. Etwa um das 2. und 3. Lebensjahr entwickelt das Kind die Fähigkeit zur Autonomie. Doch wird es dabei nicht unterstützt, entwickelt es das Gefühl der Scham. Um das 4. und 5. Lebensjahr strebt es nach Unabhängigkeit und entwickelt Initiative, wobei es zur Gewissensbildung kommt. Erfährt es dabei keine hilfreiche Unterstützung, entwickelt es Schuldgefühle.

Freud entwickelte die Theorie von Es, Ich und Über-Ich.

Adler spricht von Individualisierung (nach Konecny 1995).

Bowlby (2006) stellt den Begriff Bindung in den Mittelpunkt der frühkindlichen Entwicklung.

Für Berne (nach Babcock 1998) ist das Kindheits-Ich der Speicher unserer Gefühle und des eigentlichen Selbstbewusstseins, das immer in uns bleibt, egal wie alt wir sind.

In der Transaktionsanalyse gibt es die Stufen „natürliches Kind, kleiner Professor und primitives Eltern-Ich", die, in der Kindheit erworben, alle Teile der Persönlichkeit bilden.

Steiner (1994) benennt die Entwicklung der Empfindungsseele in der frühen Kindheit, welcher die Entwicklung der Verstandes- und Gemütsseele und schließlich der Bewusstseinsseele durch das Ich folgt.

Wilber (2001b) spricht von einer präpersonalen Phase des Selbst (0-1 physisches Selbst, 1-3 emotionales Selbst, 3-6 geistiges Selbst). Zuerst lernt das Kind ein unterschiedenes physisches Selbst zu sein, dann erst erscheint das emotionale Selbst. Das bedeutet, dass es eigene Emotionen von denen anderer in diesem Alter zu differenzieren lernt (Narzissmus wird überwunden), mit 18-24 Monaten lernt das Kind, sein emotional psychisches Leben von dem anderer zu unterscheiden. Ein stabiles individuelles emotionales Selbst taucht auf. Misslingt die Individuation, bleibt ein Kind mit sehr schwachen emotionalen Grenzen zurück. Störungen, die in die Altersstufe der physischen Differenzierung fallen – autistische Phase, symbiotische Phase, sind schwere Psychosen, die pharmakologisch oder physiologisch zu behandeln sind. Von 3-6 Jahren entfaltet sich das geistige Selbst.
Das Bewusstsein des Kindes ändert sich vor unseren Augen – Entwicklung führt durch beobachtbare Entwicklungsstufen. Eine führt zur nächsten – dabei gibt es Zeiten des Übergangs von einer Stufe in die nächste, in denen sich das Kind von der

alten Stufe dissoziiert und sich die nächste aneignet, um sie später zu integrieren.
Die Phasen des Übergangs sind manchmal chaotisch, das Kind übernimmt Verhaltensweisen der früheren Stufe, ist ungeduldig, zornig, wenn etwas nicht gelingt und wirkt unausgeglichen. Diese Phasen sind im kognitiven Bereich gut beobachtbar (vom Krabbeln zum Laufen, vom „Plappern“ zum Sprechen), aber im seelisch-geistigen Bereich bedarf es der Empathie des Erwachsenen.

Stefan ist drei Jahre und steckt an diesem Tag Holzsteine in seinen Mund, um an ihnen zu nuckeln. Ich fordere ihn auf, die Holzsteine zu waschen und einen Apfel zu essen, er gibt den Holzstein aus dem Mund und steckt stattdessen einen Buntstift in den Mund. Ich hole die neue Handsäge, mit der er auch sonst oft spielt und eine große Papierschachtel und mache ihm den Vorschlag, diese Schachtel zu zersägen. Er gibt den Stift aus dem Mund und greift nach Säge und Schachtel, um lange Zeit zu sägen. Nach der Arbeit wirkt er zufrieden und beginnt mit den anderen Kindern zu spielen, ohne wieder etwas in den Mund zu stecken.

Im Morgenkreis erzählt Helmut über seinen Ausflug am Wochenende. Manfred fällt ihm ins Wort und erzählt von seinen Erlebnissen. Ich erkläre Manfred, dass ich Helmuts Erzählungen hören möchte und fordere Helmut auf, weiter über den Ausflug zu berichten. Dieser schüttelt den Kopf und mag nichts mehr sagen.

Eine Unterdrückung niederer unschätzbarer Grundlagen führt zu einer Dissoziation weiterer Entwicklung. „Verdrängungsschranken vom Ego können später zur Abwehr höherer transrationaler Impulse führen, es können Mauern entstehen, wo Durchlässigkeit notwendig ist“ (Wilber 2001b).
Auftauchende Störungen wie Narzissmus und Borderline-Störungen werden von Kernberg (2005) auf die frühe Kindheit zurückgeführt. Begründet werden sie damit, dass das Individuum noch kein genügend getrenntes und individuelles Selbst entwickeln konnte, der Individuationsvorgang nicht abgeschlossen wurde.

Im Garten ist Evelyn ständig in Bewegung – sie zerstampft absichtlich Gänseblümchen, ist grob zum Regenwurm, den Jonas gefunden hat, greift Anne auf den Mund, als diese etwas sagen will, dann versteckt sie sich und will nicht gesehen werden, um bald darauf eine kleine Sandschaufel zu zerbrechen.

Etwas wächst, entsteht, Neues wird integriert und immer wieder kommt es zu Verhaltensweisen, welche nicht altersgemäß sind. In Prozessen, Spielen, Bewegung, Austausch entfaltet sich das Ich, versucht, integriert, ordnet – aus der Fülle wird genommen – Wachstum geschieht. Das alles im Einzelnen zu beobachten und dokumentieren übersteigt die menschliche Fähigkeit. Was bleibt, ist die Wahrnehmung, der Kontakt, die Beziehung zum Kind und zu dessen Bedürfnissen. Kommt es zu Rückzug, zu Aggression und Passivität oder einem Verhalten, das destruktiv wirkt, versuche ich mit dem Kind in Kontakt zu kommen und über das Geschehene zu sprechen.
Evelyn hat vom Spielhaus eine Tafel heruntergerissen, ich habe das beobachtet und frage nach dem Grund ihres Handelns.

„Warum hast du das gemacht?" Sie sagt nichts, dreht sich fort. Etwas später meint sie: „Wir wollen hier auf den Baum klettern." Der Baum steht nah am Spielhaus und nun, nach dem Entfernen der Tafel, kann man gut hinaufklettern. Ich bemerke zum wiederholten Mal, dass Evelyn ihre Ideen sehr spontan umsetzt, ohne andere darüber zu informieren. Einige Tage später holt sie die Holzlatten und fragt mich, ob man daraus eine Leiter bauen könne. Wir überlegen, wie die Leiter aussehen soll und sie zeichnet einen Plan.

Wie können kleine Kinder mit Gefühlen umgehen? Können sie Gefühle schon benennen? Die Persönlichkeitsstrukturen der einzelnen Kinder in der Gruppe lassen keine eindeutige Antwort zu: Was das eine Kind mühelos mit Worten formuliert, zeigt sich beim anderen als Rückzug, Aggression oder auch hartnäckiges Schweigen. Nicht jedes Kind hat dieselbe Kompetenz, Gefühle zu artikulieren, aber umso größer

ist die Lernmöglichkeit in der Gruppe durch die anderen Kinder.
Man kann über Gefühle sprechen, man kann sie ausdrücken, traurige Gefühle gehören ebenso zu uns wie schöne. Gefühle zeigen uns etwas.
In seinem Trauerumwandlungskonzept hat Jorgos Canacakis (1994) speziell mit und für Kinder ein eigenes Stofftier geschaffen: „das Tränchen“. Es ist ein Trauerwesen und hilft den Kindern, zu traurigen Gefühlen Zugang zu finden und sie zu benennen.

Das Tränchen hilft den Kindern, denn es kann mit seinen dunklen Augen bis ins Herz sehen, es kann mit seinen beiden Beinen gut selbst stehen, es hat lange Arme zum Umarmen, es hat einen warmen runden Bauch und es hat eine lange Nase, mit der es die Kinder riecht, die ihre Traurigkeit schlucken und ihr Herz würgen. Diese Kinder stinken nämlich.

Immer wieder mache ich die Beobachtung, wie wichtig das Tränchen für die Kinder ist: Sobald Kinder auch ihre traurigen Gefühle zeigen können und ernst genommen werden, lösen sich viele scheinbar verfahrene Situationen, vorher verschlossene Kinder werden zugänglicher, inaktive Kinder finden Tätigkeiten, die sie interessieren. Viele Kinder sind erleichtert, wenn Aggressionen nicht verurteilt, sondern später nochmals besprochen werden.
Es gibt viele Faktoren, Ereignisse, Einflüsse, die man als Pädagogin nicht kennt, deshalb ist es wichtig, dem Kind Raum für alle Gefühle zu geben.

Gregor ist außer sich, er brüllt, als sein Vater geht, er schreit und schreit, will nicht gehalten werden, nichts hören, nichts sagen. Ich setze mich neben ihn, bleibe da, sehe ihn an, er wird zornig. Ich halte ihm eine Hand entgegen, berühre ihn an der Schulter und beruhige ihn dann wie ein sehr kleines Kind. „Ist ja wieder gut!“ Langsam holt er tiefer Luft, das Schreien wird leiser, irgendwann greift er nach meinen Händen, bleibt so lange, lange bei mir stehen, will nicht näher kommen und nichts hören, aber auch nicht fort.

Zur Geschichtenzeit lese ich den Kindern die Geschichte „ Bruder der Bären“ von Käthe Recheis vor. Das Buch handelt von einem kleinen Indianerjungen, dessen Eltern gestorben sind und der nun bei seinem Onkel wohnt. Da der Junge beim Jagen sehr ungeschickt ist und alle Tiere verscheucht, lässt ihn der Onkel eines Tages allein im Wald zurück. Der Junge befreundet sich mit den Tieren des Waldes und wird schließlich von einer Bärenfamilie aufgenommen, wo er mit den zwei Bärenkindern aufwächst. Als er später wieder zu den Menschen zurückkehrt, erinnern ihn die Tiere daran, dass er nun nach all den Jahren zum Bruder der Bären geworden ist.

Die Kinder haben die Geschichte aufmerksam verfolgt und sitzen noch ruhig im Kreis.
Frage: „Was sagt ihr zu dieser Geschichte?“
Keine Antwort
Frage: „Was hat euch gefallen?“
Nora: „Der kleine Junge.“
Frage: „Was hat euch nicht gefallen?“
Nora: „… dass er so arm war.“
Frage: „Was hättet ihr gemacht?“
Jonas: „…zu Mama und Papa gehen…“
Nora „… die sind nicht da.“
Jonas: „… einen Räuber zu Mama und Papa in den Himmel geschickt.“
Manfred: „Ich würde auf die Straße gehen und mich vor ein Auto werfen.“
Frage: „Was ist dann?“
Franz: „Wenn man tot ist, kann man sich nicht mehr bewegen.“
Nora zu Lena: „Wir würden zu Freundinnen gehen.“
Jonas: „Ich schau, dass ich einen Wegweiser find.“
Franz: „Aber du bist ja im Wald allein, da gibt’s keinen Wegweiser.“

Wir besprechen das Ende der Geschichte, an dem der Junge zu den Menschen im Dorf zurückkehrt, nochmals.
Als bei der Abholzeit Jonas′ Mama kommt, eilt er zu ihr und meint: „Danke Mama, dass du schon kommst.“

Als Anzeiger einer gesunden Ich-Entwicklung spricht Maria Montessori von der Fähigkeit des Kindes zur Polarisation der Aufmerksamkeit. Sie meint damit die Fähigkeit des Kindes, sich intensiv und konzentriert einer Sache zu widmen. Maslow geht von der subjektiven Befindlichkeit des Kindes aus, er stellt Wohlbefinden und Selbstverwirklichung in den Mittelpunkt einer gesunden Entwicklung (Fthenaikis 2003, S. 192). Becker spricht von einer positiven Triade: positive Einstellung zur eigenen Person, zur Umwelt und zur Zukunft, Wohlbefinden und optimale Entfaltung des eigenen Potentials (Fthenaikis 2003, S. 192). Die Ansätze sind wieder vielfältig.
Schellenbaums (2002) Spürbewusstsein meint ein Gewahrsein dessen, was einem gut tut, was man braucht, eine Fähigkeit, über die Kinder verfügen, denen Raum gegeben wird, sich so weit als möglich ihrem eigenen Wesen entsprechend zu entfalten. Kleine Kinder werden meist nicht nach der eigenen Befindlichkeit befragt – bemerkt man Traurigkeit, ist man ratlos, sucht nach Ursachen, fragt andere, rollt Konzepte auf, bekommt Angst, etwas falsch zu machen. Es gibt in jeder Zeitschrift Ratschläge in Hülle und Fülle. Was aber keine Zeitschrift kann, ist dem individuellen Kind Raum zu geben, es wahr- und ernstzunehmen. Kinder bauen an ihrer Welt, an ihrer Persönlichkeit, wenn ein Baustein fehlt, zeigen sie das. Wut, Aggression und Rückzug sind Hinweise, um hinzusehen.
Was sehe ich, wenn ich hinsehe, was höre ich, wenn ich frage? Vor mir liegt eine offene Welt. Es wird nichts geheuchelt. Die Kinder versuchen von sich aus wieder ins Gleichgewicht zu kommen. Ist ein Kind außer sich, nimmt es die Umwelt kaum wahr. Wie kann es wieder zur eigenen Mitte finden – vielleicht durch sein bevorzugtes Ausdrucksmittel wie Malen, eine Geschichte zu erzählen, vielleicht auch durch Nähe, oder durch Stille. Wie legt sich die Emotion? Es fällt manchmal schwer sich von Begriffen wie gut und böse zu lösen. Ist ein Kind, das ein anderes Kind schlägt böse? Grenzen müssen nicht mit Wertungen gleichgesetzt werden, denn die Ausdrucksform eines seelischen Zustands ist nicht gleichbedeutend mit moralisch schlecht. Und eine Unterdrückung eines im Augenblick anstehenden Gefühls, kann zu vielen angestauten Emotionen führen, das Ausleben der Gefühle auf Kosten eines anderen ist aber auch nicht möglich. Tyrannische Kinder üben eine ihnen nicht zustehende Kontrolle aus, also geht es darum,

Möglichkeiten zu schaffen in denen Gefühle gezeigt und Emotionen ausgelebt werden können, ohne anderen zu schaden.
Wir haben eine Wutecke, Bereiche, in denen Schachteln zersägt, auf Steine gehämmert, mit Ton und Sand gearbeitet wird, und es gibt immer genug alte Zeitungen zum Zerreißen oder Papier für Papierbomben. So können über Bewegung und Aktion Emotionen abgebaut werden ohne die „Schutzkugeln" der anderen zu überschreiten.

Kommt es zu Aggressionen einzelner Kinder, spielen wir das Spiel Schutzkugel. „Stell dich so weit entfernt von den anderen auf, dass du deine Arme ausstrecken kannst. Nun male mit deinen ausgestreckten Armen eine unsichtbare Schutzkugel um dich. Spürst du sie? Wie sieht sie aus? Nur du selbst darfst entscheiden, wer der Schutzkugel nahekommen darf. Kommt ein anderes Kind zu nahe, kannst du ihm das sagen.

Für kleine Kinder gibt es viele Ausdrucksmöglichkeiten, die auf den ersten Blick nicht verstehbar sind. Schreien, Toben, Raufen, etwas zerstören, stören, Weinerlichkeit, Drohungen, die Kinder handeln nicht aus Kalkül und nicht gesellschaftskonform. Je aktiver und vitaler ein Kind ist, umso kraftvoller werden Befindlichkeiten und Wünsche gezeigt. Diese Form des Nach-außen-Gehens will aufzeigen, dass etwas fehlt, es ist ein Weg, auf Bedürfnisse und Nöte hinzuweisen. Kleine Kinder handeln in dem Sinne egoistisch, da sie sich nicht um die Befindlichkeit der anderen kümmern, sie erziehen das Umfeld ebenso wie das Umfeld sie erzieht (Erikson 1973).
Geht es bei dem Verhalten um den Ausdruck der seelisch-geistigen Entwicklung des Kindes? Ist eine kognitive Entwicklung im Gange? Sind die gesellschaftlichen Werte zu eng, die Regeln zu hinterfragen, hat das Kind einen guten Platz in der Gruppe?
Mittlerweile gibt es viele Ansätze, die sich mit Verhaltensauffälligkeiten befassen – angefangen von Hyperaktivität über Legasthenie sowie Wahrnehmungsschwierigkeiten, Autismus und Entwicklungsverzögerungen. Durch den 4-Quadranten-Ansatz können verschiedene Blickwinkel eingenommen und Fachliteratur studiert, bzw.

wenn nötig Kontakte zu Körper- Kinder- oder systemischen Therapeuten aufgenommen werden.
Vielleicht ist es der Übergang zu größerer Autonomie, der mit wachsender Aggression einhergeht, oder es zeigt sich, dass eine Entwicklung noch nicht abgeschlossen ist – das Bedürfnis nach Nähe noch nicht genügend befriedigt wurde.
Ohne Anerkennung einer eigenen Ich- Wirklichkeit in der seelisch- geistigen Entwicklung, bleibt ein behavioristisches Beobachten und Konditionieren im Bereich des zweiten Quadranten und die Dynamik des aus sich selbst handelnden Kindes kommt nicht zustande.
Eine differenzierte Sichtweise, die diesem Bereich Raum gibt, hat aber nichts mit Grenzen-sprengenden Launen zu tun oder mit ausgelebter Willkür des einzelnen Kindes, sondern mit der Entwicklung eines „Spürbewusstseins" nach Schellenbaum (2005), in dem sich das Kind findet und aus dem heraus es seine Beziehungen zu den anderen selbst gestalten und den eigenen Impulsen nachgehen kann.

Wir gehen in den Wald, Gerda lässt meine Hand nicht los. Sie ist ein sehr sensibles, aufgewecktes und Nähe suchendes Mädchen, dann sagt sie: „Du sollst meine Mama sein!". Ich bin betroffen – „Nein, ich habe selbst Kinder, du hast deine Mama!" Ich fühle eine Traurigkeit über das große Nähebedürfnis des Mädchens und suche das Gespräch mit der Mutter, der ich erzähle, dass Gerda immer wieder zeigt, wie sehr sie Nähe und Halt braucht. Die Mutter scheint teilnahmslos, es ist als hätte sie mich nicht gehört, ohne Reaktion dreht sie sich um und geht.
„Warum so viel Aufhebens machen – im Kindergarten im Herbst wird sich schon wer finden, der stärker ist als sie und ihr zurückgibt", meint eine Mutter, deren Tochter manchmal scheinbar grundlos auf andere zugeht und sie schlägt. Ich erkläre ihr, dass ich es für besser halte, dem Mädchen bessere Formen der Kontaktaufnahme zu zeigen, und sie zu diesem Zeitpunkt noch nicht in eine Großgruppe zu geben. Die Mutter versteht meine Argumentationsweise nicht, sie erklärt, dass auch sie selbst in einer Großgruppe glücklich gewesen war.

Wege zur Individualisierung sind oft mühsam – „warum kann nicht alles wie von selbst funktionieren?“ Oft kommt es zu Situationen, in denen man selbst heftige Emotionen spürt, deren Ursache man nicht kennt.

Fast täglich kommt es zwischen den beiden Kindern zum Streit und es scheint weder Ursache noch Ausweg zu geben. Ich empfinde Hilflosigkeit und bin ratlos. Eine Supervision zeigt auf, dass hinter dem Streit der beiden eine Angst verborgen ist, welche ich aus meiner eigenen Kindheit kenne. Durch das klare Einnehmen meiner Rolle als Leiterin vermindern sich die Auseinandersetzungen der beiden.

Manchmal hilft es, in einer Supervision hinter die Dynamiken zu sehen, manchmal hilft es, sich die Achtung vor dem Kind, welche Maria Montessori so wichtig war, wieder in Erinnerung zu rufen.

Im Entwicklungsmodell Wilbers bekommt Individualisierung als Voraussetzung einer ganzheitlichen Ich-Entwicklung einen eigenen Stellenwert. Das Selbst wird dabei zum Steuermann und ist nicht länger ein Ruderer in einem dichten Umfeld aus Gesellschaft, Technik, Information und Herkunft (Wilber 2001b).

Diese Betrachtung hat eine große Auswirkung auf jegliche pädagogische Zielsetzung und Intervention. Steht Individualisierung im Mittelpunkt, geht es um die Entfaltung und das Wachstum des einzelnen Kindes mit und durch eine Gemeinschaft. Von Maria Montessori wird das so formuliert: „Das Kind ist nicht ein leeres Gefäß, das wir mit unserem Wissen angefüllt haben und das uns so alles verdankt. Nein, das Kind ist der Baumeister des Menschen, und es gibt niemanden, der nicht von dem Kind, das er einmal war, gebildet wurde. .... Es hieß: Die Mutter bringt das Kind zur Welt, sie lehrt es sprechen, gehen usw. All dies ist jedoch absolut nicht Werk der Mutter, sondern eine Eroberung des Kindes.“ (Maria Montessori 1996, S. 13)

Rudolf Steiner sagte: „Wir sprachen von der Gemeinschaft des physischen Körpers mit der materiellen, des Ätherkörpers mit der Pflanzen-, des Astralkörpers mit der Tierwelt; sein Ich hat der Mensch mit niemand und mit nichts gemeinsam; daher wird er durch dieses zur Krone der Schöpfung.... Von der Kindheit an bis zum reifen Alter bilden sich diese vier Körper heraus, indem jeder dieser Teile sich besonders entwickelt.

Daher müssen wir jeden am werdenden Menschen gesondert betrachten, wenn wir ihn verstehen wollen.“ (Steiner, 1994, S. 19)

Immer wieder beobachte ich zirkuläre Prozesse: ein Kind stört und bekommt dafür zwar Aufmerksamkeit aber auch negative Rückmeldungen, die zu einem Fremd- und Selbstbild führen, das an diese Rückmeldungen gekoppelt ist. “...der stört immer, der haut, der schlägt... “.

Manchmal bricht die Dynamik unerwartet aus und ist schwer zu durchbrechen. Wir sind nicht gewohnt, Schwierigkeiten zu thematisieren, es fällt schwer, Idealvorstellungen vom harmonischen Zusammensein loszulassen.

Übermäßige Kontaktwünsche, Aggressionen, ständiges Aufmerksamkeitserregen – die Formen der Kontaktunterbrechungen sind vielfältig. Die Gefahr der Benennung als Defizit liegt darin, eine Entwicklung vorzeitig zu stoppen, sie als nicht altersentsprechend „abzustempeln“ und eine Art Symptom daraus zu machen. Das Übersehen einer Krise und eines Rückschritts wiederum führt zu zahlreichen Spannungen. Was kann man tun, wie kann der Kreislauf beendet werden?

Oft benenne ich das untypische Verhalten des Kindes, biete ihm eine bessere Form der Bewältigung an (... „du bist schon vier Jahre und brauchst nicht mehr so zu brüllen, sondern kannst mir sagen, was du willst“...), manchmal sprechen wir in der Gruppe gemeinsam über schwierige Situationen.

Vielleicht bessert sich das Verhalten durch das Eröffnen eines neuen Betätigungsfeldes, in dem sich das Kind wieder finden kann. Als Form der Krisenbewältigung kann die Strategie mit den Eltern kommuniziert werden, denn meist dehnt sich das altersuntypische Verhalten auch auf andere Bereiche aus.

Vieles kann nachgeholt werden, denn in diesem Alter ist alles weich und biegsam und soziale Stigmatisierungen haben noch nicht so stark eingesetzt. Die Basis für das Ich soll stabilisiert werden, damit später darauf andere Ebenen aufbauen können. Als Basis aller Lernprozesse bezeichnet Ciompi (2005) Emotionen, die wie Schleusen wirken und die Aufnahme von Neuem ermöglichen. Tabus oder auch negative Emotionen können somit Wissensgebiete verschließen, das gilt auch für den Bereich des sozialen Lernens.

> Wir machen eine Fantasiereise – die Kinder sind sehr aufmerksam, Manuel dreht sich hin und her, er kann nicht ruhig liegen bleiben. In der Fantasiereise wandern wir auf einen Berg, oben steht ein Haus, im Haus wohnt ein freundlicher alter Mann, der Antworten auf alle Fragen weiß. „Ihr könnt ihn alles fragen. Gemütlich setzt ihr euch mit ihm auf eine Bank und seht ins Tal. Bald aber müsst ihr wieder ins Tal zurück, dort kommt ihr nach Hause und freut euch auf ein gutes Abendessen."
> Ich frage die Kinder, wie ihnen diese Fantasiereise gefallen hat, einige sind begeistert, anderen hat sie nicht gut gefallen.

Das subjektiv Erlebte wird zum wichtigen Faktor, und emotionale Komponenten spielen dabei von Anfang an eine große Rolle (Ciompi 2005).
„Einerseits werden alle mit positiven Affekten belegten kognitiven Erfahrungen (Situationen von angenehmer Wärme, Trinken, Sättigung, Behaglichkeit, Geborgenheit vermittelnde Präsenz einer wichtigen Bezugsperson usw.) zu einer lustbetonten „Alles-gut-Welt" wie Kernberg formuliert, vereinigt. Auf der anderen Seite verbinden sich alle affektiv negativ konnotierten Kognitionen (Situationen von Kälte, Hunger, Nassliegen, unangenehm schmerzhafte oder störende Gegenstände, Geräusche, Lichtreize, Einsamkeit usw.) zu einer unlustbetonten „ Alles-ist-schlecht-Welt")." (Ciompi 2005, S. 50)

Indivudell-außen
2. Quadrant

„Auf Grund ihrer Größe können Kinder die Straße nicht so überblicken wie Erwachsene. Sie haben einen viel kleineren Blickwinkel und parkende Autos versperren ihnen die Sicht. Außerdem können sie bis zum zehnten Lebensjahr Entfernung und Geschwindigkeit eines nahenden Autos nicht richtig beurteilen. Und bitte unbedingt beachten: Wenn Kinder über die Straße laufen, blicken sie nur in ihre Laufrichtung.“ (Internet-Portal der im Wort und Bild Verlag erscheinenden Gesundheitsmagazine 2010)
Ergebnisse der Gehirnforschung betonten individuelle Zeitfenster der Kindes, in denen bestimmte Fähigkeiten erworben werden konnten.
„Die Nervenzellen sind zum Zeitpunkt der Geburt im Wesentlichen angelegt, aber in bestimmten Bereichen des Gehirns, z.B. in der Großhirnrinde, noch nicht miteinander verbunden. Viele Verbindungen bilden sich erst jetzt aus, ein großer Teil wird jedoch bald wieder vernichtet. Ein stetiger Umbau von Nervenverbindungen vollzieht sich, wobei nur etwa ein Drittel der einmal angelegten erhalten bleibt. Welche dies sind, hängt von der Aktivität ab. Die Ausbildung der funktionalen Architektur der Großhirnrinde wird somit in erheblichem Umfang von Sinnessignalen und damit von Erfahrung geprägt. Genetische und epigenetische Faktoren kooperieren in untrennbarem Wechsel.“ (Singer in Fthenaikis 2003, S. 69f)
„Verschiedene Bereiche der Hirnrinde entwickeln sich mit unterschiedlicher Geschwindigkeit, was sich in der sequentiellen Ausreifung kognitiver Leistungen widerspiegelt. Entsprechend benötigt das Gehirn in verschiedenen Phasen unterschiedliche Informationen aus der Umwelt, um seine Entwicklung optimieren zu können.“ (Singer in Fthenaikis 2003, S. 71)

„Kein Kind kann dem anderen gleichen, weil im Laufe der Entwicklung zahllose Verzweigungen durchlaufen werden müssen und Entscheidungen darüber, welche Gabelung gewählt worden ist oft von kleinen, mitunter zufälligen

Fluktuationen der Umgebungsbedingungen abhängen." (Singer in Fthenaikis 2003)

Wir sitzen im Morgenkreis und ich stelle Fragen:
Frage: Woher kommt der Regen?
Manuel: „Aus den Wolken."
Frage: Woher kommen die Wolken?
Manfred: „Aus dem Nebel."
Frage: Woher kommt der Nebel?
Helmut: „Aus dem Himmel."
Frage: Woher aus dem Himmel?
Manfred: „.. aus Wasser und kalter Luft entsteht Nebel."
Frage: Wofür ist Regen gut?
Katharina: „zum Trinken."
Manfred: „Nein, nicht Trinkwasser, schmutzig, zum Blumen gießen, oder zum Gatschen"
Frage: Was machen wir, wenn es nicht genug regnet?
Katharina: „Leitungswasser"
Andreas: „Wasserturm"
Katharina: „Quelle"
Die Antworten auf meine Fragen kommen sehr rasch und stichwortartig.

Im Vorjahr wanderten wir zu einer Quelle und das Spiel „Die Moldau entspringt" von Eva wurde eines der Lieblingsspiele der Kinder.

Zur Musik „Die Moldau" von Smetana legen sich die Kinder auf den Boden. Ich lege große Tücher über sie und dabei erzähle ich: „Unter der Erde sammelt sich auf den Steinen das Wasser" dann lege ich ein graues Tuch über die Kinder, die sich nicht bewegen sollen. „Über den Steinen ist Erde – ich lege ein braunes Tuch über das graue Tuch – „über der Erde wächst Gras", ich lege ein grünes Tuch auf das braune Tuch. „Als es zu regnen beginnt, sickern die Wassertropfen ein", ich klopfe mit den Fingern auf die darunter liegenden zugedeckten Kinder, „das Wasser wird mehr und mehr – bis es keinen Platz mehr hat und als Quelle entspringt". Die Kinder kommen unter den Tüchern hervor und laufen mit den Tüchern zur Musik durch den Raum. „Noch einmal, noch einmal… ."

Wir sitzen im Morgenkreis:
Manfred: „Maria, die Erde saugt die Menschen fest!"
Helmut: „Nein, das stimmt nicht!"
Manfred: „doch die Erde saugt die Menschen fest."
Frage: Warum fliegen eigentlich Menschen nicht?
Nora: „Weil sie keine Flügel haben."

Der zweite Quadrant bezieht sich auf zählbare, messbare Leistungen – die Anzahl der verwendeten Worte, Satzarten, die Grobmotorik und Feinmotorik, das Zahlenverständnis. Für jeden dieser Bereiche gibt es laut den Ergebnissen der Gehirnforschung Perioden besonderer Empfänglichkeit – sensible Phasen, die für den Erwerb der Fähigkeit wichtig sind. Werden diese Empfänglichkeiten nicht wahrgenommen und durch ein anregendes Umfeld und Wiederholung gefördert, ist ein späteres Aufholen des Versäumten sehr schwer. Meist geschieht das Lernen wie von selbst, manchmal ist der Dialog wichtig. In einer Art kleiner Lernwerkstätten oder in der vorbereiteten Umgebung nach Maria Montessori kann gut wahrgenommen werden, wohin das Hauptinteresse eines Kindes geht.
Gardner spricht von multiplen beobachtbaren Intelligenzen. Zur Feststellung dieser Intelligenzen wurden Reflexionsbögen von Thomas Armstrong entwickelt, da sich die Intelligenzen kontextbezogen entwickeln und nicht mit der Form Intelligenzquotient messbar sind. Gerade für die Vorschulzeit ist damit ein Instrument gefunden worden, das sehr wertvoll für den Austausch mit den Eltern ist und besondere Begabungen frühzeitig bemerkt. Diese können spielerisch ausgebaut werden.
Bis zum Schulalter soll ein Fundament geschaffen werden, worauf abstrakte Denkvorgänge aufgebaut werden können. Kognitives Lernen in diesem Alter unterscheidet sich aber grundsätzlich vom späteren Lernen. Es ist nicht in unserer Sichtweise strukturiert und nicht abstrakt, Piaget spricht vom präoperationalen Lernen. Die Kinder fügen das Neue in das schon Gewusste ein, die Art und Weise, wie das geschieht ist bei jedem Kind verschieden – auch die Zugänge zu neuen Gebieten sind verschieden (Reicher 2005).

Lernmaterialien nach Maria Montessori umfassen Bereiche wie Mathematik und Sprache, Übungen des täglichen Lebens. Sie können durch ein kleines Labor und Malen erweitert werden. Kognitives Lernen kann auch Bereiche umfassen, die mit den Naturwissenschaften zu tun haben: einfache physikalische Experimente, Waldtage, Umweltbewusstsein auf einer sinnlich erfassbaren Ebene. Warum den Kindern nicht die Welt zutrauen, die uns umgibt in der es unzählige Geheimnisse und Wunder zu entdecken gibt, statt sie mit einer eigenen Spielzeugkinderwelt zuzudecken? Um wie viel spannender kann eine Hand voll Erde sein, wenn sie auf ein weißes Tuch gelegt wird und man mit Lupen beobachtet, was geschieht?
Kognitive komplexe Inhalte brauchen Grundlagen, auf denen sie aufgebaut werden können. Um etwas zu begreifen, muss es vorher in der Hand gewesen sein (Ciompi 2005). „Was ist schwer, was ist leicht, wie kommt das Grün ins Gras“ sind Fragen, die aus dem sinnlichen Erleben ein Erforschen machen, mit der Aufforderung, selbst weiter zu experimentieren und Fragen zu stellen.
Beobachtbare Verhaltensweisen im Umgang mit Erde:

Franz nimmt immer wieder die Becherlupe und beobachtet den Regenwurm, den er gefangen hat.
Jonas gräbt beim Erdloch hinterm Bambus – er ist sehr ausdauernd dabei, wirft die Erde durch ein Sieb und beobachtet, wie die Steine vorne bleiben und die Erde in die schwarze Wanne rieselt. Manuel entdeckt in der Walderde viele Käfer und kleine Tiere. Er hat eine sehr gute Wahrnehmung für das Leben am Waldboden.
Lena beobachtet die Kressesamen, die langsam aus der Erde kommen, sie liebt den Geruch und Geschmack von Kresse. Elisabeth, Franz und Manuel bearbeiten die Erde, tragen Kompost auf ein Beet, jäten das Unkraut und säen Mais.

Kollektiv-innen
3.Quadrant

Wir sitzen im Morgenkreis. Jeden Tag im Morgenkreis gibt es eine „Wie geht es dir?“ Runde. Jedes Kind bekommt die Möglichkeit sich mitzuteilen, kann Erlebnisse erzählen, zuhören, oder einfach miteinander im Kreis sitzen. Manche Kinder greifen zum Gesprächsstein nehmen ihn und meinen: „Ich mag heut nichts sagen!“

Eines Tages, das Kind neben mir hatte den Gesprächsstein aus der Hand gelegt, sah mich Peter an: „Du warst noch nicht dran Maria.“ Mit 2,5 Jahren hatte er eine Abweichung von der Regel: „jeder erzählt etwas“ feststellen können.

In einer pluralen Welt mit sich öffnenden Kulturräumen ändern sich Bildungsanforderungen radikal. Wir wissen nicht, welche Eigenschaften unsere Kinder am meisten brauchen werden, denn was in einem traditionellen Weltbild wichtig war, ist nicht mehr ausreichend. Der Club of Rome schreibt seit Jahrzehnten über den radikalen Wandel, es gibt viele Theorien, wie dem bildungsmäßig entsprochen werden kann.
„Mündliche Überlieferungen in Sachen Kindererziehung haben heute der ‚Wissenschaft' Platz gemacht, nachdem die Kinder jetzt für wert befunden werden, Objekte wissenschaftlicher Untersuchungen zu sein. Alfred Binets Intelligenzuntersuchungen zu Anfang des Jahrhunderts zählen zu den frühesten Bemühungen um die systematische Erforschung des Kindes. Seither hat die Verbreitung von Kenntnissen über das Kind einen derartigen Aufschwung genommen, daß wir heute einen Punkt erreicht haben, da jedes Familienblatt, das auf sich hält, in jeder Nummer mehrere oft einander widersprechende Artikel von Fachleuten über die Wissenschaft des Elternseins publiziert. Viele verantwortungsbewußte Eltern zweifeln angesichts so vieler guter Ratschläge an ihrem eigenen Einfühlungsvermögen in ihre Kinder. Die Widersprüchlichkeit solcher Artikel ist eher schädlich als nützlich.“ (Babcock/Keepers 1998, S. 20)

In ihrem Buch „Spiral Dynamics“ zeigen Beck und Cowan (1995) eine Landkarte für Business und Gesellschaft im 21. Jahrhundert. Sie beschreiben darin Lebensphasen und -formen und deren Auswirkungen auf Gesellschaft und Umwelt. Gegen Ende der Säuglingszeit entwickelt das Kind laut Beck und Cowan ein Bewusstsein, in dem es um Stammesbildung, Magie, Kunst und Geister geht. Damit einher geht eine erhöhte Intuition, starke emotionale Bindungen an Orte und Dinge und mystische Erklärungen von Ursachen und Wirkungen und in diesem Zusammenhang die Notwendigkeit von Ritualen.
In der Gruppe wird die Zusammengehörigkeit durch Gesänge und Rhythmen gestärkt, und Tabus und Bräuche nehmen viel Raum ein. Natur und Dingen wird Lebenskraft und Intentionalität zugeschrieben „…Berge sind bewohnt, Flüsse sind heilig, Sterne wachen über uns… “ (Beck, Cowan 2007, S. 319).
Bezogen auf die kindliche Entwicklung meinen Beck und Cowan: „Einige der tiefsten purpurnen Aspekte beziehen sich auf die Bindung zwischen Eltern und Kindern sowie auf die Kernfamilie. Es ist ein wesentlicher Bestandteil der gesunden Persönlichkeit und wird von geschäftigen, sehr zielstrebigen Leuten zuweilen übersehen. Wenn Kinder diese Phase überspringen, steht die sich darauf entwickelnde Spirale auf sehr wackligem Boden.“ (Beck, Cowan 2007, S. 321).
Die derzeit stattfindenden einschneidenden gesellschaftlichen Veränderungen erfolgen sehr rasch und Komplexität, Beschleunigung und Dynamik sind nicht mehr nur auf Wirtschaftsbetriebe reduziert. Die Tatsache, dass bisher tragende soziale Netze immer mehr schwinden, betrifft vor allem die Kinder und deren Familie. Dazu kommt, dass aufgrund von Technisierung und Automatisierung viele Lebensbereiche für Kinder nicht mehr zugänglich sind.
Welche sinnlichen Erwachsenentätigkeiten können Kinder noch mitverfolgen und verstehen, wo werden ihnen sinnvolle Abläufe im Alltag klar? Welche Naturbezüge werden dabei hergestellt?
Uns ist es in unserer Arbeit wichtig, mit den Kindern unser Umfeld zu erkunden, ein Erleben der Natur zu vermitteln, Erfahrungen zu ermöglichen. So verglichen wir Walderde mit Gartenerde, legten einen Kompostplatz an, säten Samen, und

ließen sie in der Gruppe keimen und setzten sie im Frühling in den Garten.
Über mehrere Jahre ziehen sich Themenkreise, die immer wieder aufgegriffen und auf verschiedenen Ebenen behandelt werden. Diese Themenkreise haben untereinander eine Beziehung und beziehen sich auf das direkte Erleben der Kinder. Ausgehend von den Elementen: Wasser (Gefühle), Erde (Körper) , Luft (Ideen) und Feuer (Willenskraft) führt der Bereich Erde im Lauf von mehreren Jahren von der greifbaren Erde, über Pflanzen, Vorräte und Kompost hin zum Planeten Erde und zur Entstehung der Erde, um sich schließlich im ökologischen Kreislauf mit den anderen Elementen zu verbinden. Jedes Jahr im Frühling gibt es dazu ein ausführliches Thema, bei dem die Themen der Vorjahre miteinbezogen werden.
Damit entsteht ein Kreislauf, in dem die Wiederholung gesichert ist und aus dem für die Kinder wichtige Informationen in Spielen aufbereitet werden. Alles hängt zusammen und ist verstehbar. Durch Malen und Musik werden Emotionalbereiche miteinbezogen.
Wasser führt von der Quelle über den Regen zu Gewässern, Klima und Körper.
Feuer von Wärme zu Nahrung, Energie und Elektrizität, Veränderung, Sonne und Erde.
Umweltbezug soll ein konkretes Miterleben der Natur bedeuten und keine Bilderbucherzählung sein. Mit dem aktiven Erforschen und Spielen in der Natur wird die Wahrnehmung für Vorgänge in der Natur geschärft und purpurne Märchen können damit in Verbindung gebracht werden.
Eines meiner ersten Walderlebnisse mit den Kindern war die Ratlosigkeit der Kinder inmitten von Ästen, Bäumen, Büschen ein Spiel zu beginnen, sie setzten sich auf die umgefallenen Baumstämme und klagten über Langeweile. Im Laufe der Zeit änderte sich das, nun wollten die Kinder nicht mehr aus dem Wald fort, weil sie dort eine Fülle entdeckt hatten, die sie immer wieder zu neuen Spielen inspirierte.
Im dritten Quadranten geht es auch um das Leben in der Gruppe. Zusammenarbeit erfordert ein hohes Maß an Kommunikation und die gemeinsame Erarbeitung von Gruppenregeln. Die Kinder agieren oft nach Regeln der roten oder beigen Stufe, z.B der Stärkste bestimmt oder mangelnde

Unterwerfung führt zu Ausschluss aus der Gruppe, dem setzen wir PädagogInnen Regeln höherer Stufen entgegen: Räuberspiele sind erlaubt, auf die Rechte aller wird dabei geachtet, man muss nicht mit allen spielen oder alle mögen, aber alle gehören zu einer Gruppe (Babcock/Keepers 1998).
Aus der Transaktionsanalyse greife ich immer wieder auf das Märchen von den Kuschelchen und den Gruselchen zurück, das uns eine Mutter bei einem Besuch erzählte. Wir können warme, weiche, schöne Kuschelchen verteilen und bekommen, oder harte, spitze, hässliche Gruselchen. Was wir verteilen, kommt auch wieder zu uns zurück (Babcock/Keepers 1998).
Hier zeigt sich bei manchen Kindern eine unglaubliche Sensibilität, während andere gerne Grenzen ausloten.

Als wir eines Tages als Matrosen auf unserer Reise durch das Meer eine Flaschenpost finden, ist dort zu lesen: „Wenn wir miteinander leben, muss es klare Regeln geben, redest du dann hör ich zu, rede ich, dann gibst du Ruh.“ Einige höre ich kurze Zeit später im Garten: „Wenn wir miteinander leben, muss es keine Regeln geben.....“, während andere über diese Flaschenpost sehr froh sind.

Gardner versteht unter interpersoneller Intelligenz die Fähigkeit, sich gut auf andere einstellen zu können, gemeinsame Spiele, gute Freundinnen und Freunde, hohes Einfühlungsvermögen und gemeinsames Lösen von Problemen (nach Brunner 2002). Für das Zusammenleben in einer Gruppe ist diese Fähigkeit wichtig. Während die Regeln von manchen Kindern gut angenommen werden, scheinen sie für andere Kinder nicht wichtig und müssen deshalb oft kommuniziert werden.
Ein wichtiges Bindeglied in unserer Kleingruppe ist eine aktiv betriebene Kommunikation, die das Augenmerk auf das Verstehen von Vorgängen legt.
Auch kleine Kinder sind zu sehr komplexen kommunikativen Prozessen fähig, wobei genügend Zeit, klare Regeln, kleine Gruppengröße, Eingehen auf Konflikte und die Vermeidung von Stigmatisierungen die Voraussetzung ist.
Wichtig ist die Reflexion der Prozesse vor dem Hintergrund der Entwicklungsspirale was Werte und Normen betrifft und

der Quadranten, was Inhalte (dritter Quadrant) und subjektive Gefühle (1.Quadrant) betrifft.
Das entspricht den Ergebnissen einiger Studien, wonach kleinere Gruppen zu kooperativem Verhalten, differenzierten sozialen Spielen einer höheren Sozialkompetenz und später zu mehr Lesefähigkeiten führten. Kommt dazu ein besserer Betreuungsschlüssel
(Anzahl der PädagogInnen: Anzahl der Kinder) führt das zu einem besseren emotionalen Klima, einer sicheren Bindung und einer besseren Förderung der kognitiven Fähigkeiten. (Reicher 2005)
Einrichtungen als neue Netze inmitten gesellschaftlicher Umwandlungen und nicht als Zusatzangebot bieten eine Fülle von Möglichkeiten, was pädagogisches Know how – Austausch mit den Eltern und frühe Ressourcenarbeit – betrifft. Es gibt Portfoliomodelle, die bewusst auf die Stärken des einzelnen Kindes aufbauen und damit einen wichtigen Baustein legen.
Das Einbringen elterlicher Kompetenzen wirkt außerordentlich bereichernd auf den Gruppenalltag. Zu entsprechenden Themen besuchen uns Eltern, und erzählen über ihren Beruf (Bauen, Wald, Reisen, Experimente, Strom…).
Der Umgang mit früher Bildung liegt im politischen Verantwortungsbereich und der Umgang damit ist sehr verschieden. Während in Österreich der Kleinkindbereich am untersten Ende der Bildungspyramide angesiedelt ist und sich durch die schlechteste Ausbildung und niedrigste Bezahlung auszeichnet, hat Frühpädagogik in nordischen Staaten einen sehr hohen Stellenwert.
In einem Bildungsfilm von Reinhard Kahl (2004) „Auf den Anfang kommt es an! Pädagogik am Wendepunkt“ hört man: „Die besten Pädagogen gehören in den Vorschulbereich. Dort kann man ja noch so viel zerstören!“

Jonas: „Ich bestimme“
Katharina: „Nein, du bestimmst nicht über meine Sachen, du bestimmst über deine Sachen.“

Im Suchtpräventionsprojekt „Papilio“ wurden frühe Einflussfaktoren auf späteres Suchtverhalten untersucht. Späteres

Mobbing geht oft auf frühe Rollenfixierungen zurück, die Gefahr jugendlichen Drogenkonsums wird durch Isolation und Außenseitertum erhöht. Auch gruppendynamisch gesehen vollziehen sich in den ersten Jahren wichtige Entwicklungen.
Im Suchtpräventionsprojekt Papilio (Papilio 2010) heißt es:
„Kinder müssen in ihrer Entwicklung bestimmte Entwicklungsschritte durchlaufen – die Entwicklung stellt ihnen sozusagen ‚Aufgaben', die sie ‚lösen' müssen. Bewältigt ein Kind seine Entwicklungsaufgaben erfolgreich, erwirbt es Fähigkeiten, die eine weiterhin erfolgreiche Entwicklung wahrscheinlicher machen."
„Entwicklungsaufgaben des Vorschulalters sind beispielsweise
- Gefühle bei sich und anderen erkennen,
-sich in andere einfühlen,
-eigene Gefühle und das Verhalten regulieren,
-soziale Verhaltensnormen lernen,
-Mitglied einer Gruppe sein,
-soziale Interaktionen einleiten können,
-ErzieherInnen Aufmerksamkeit schenken und Anweisungen folgen.
Fazit: Helfen wir Kindern, Entwicklungsaufgaben erfolgreich zu bewältigen, vermindern wir Risiken in ihrer Entwicklung und fördern Schutzbedingungen, so erhöhen wir ihre Chancen für eine erfolgreiche Entwicklung!" (Papilio 2010).
In den letzten Jahren ist gruppendynamische-systemische Arbeit für Familien, Organisationen, Institutionen wichtig geworden, um die Dynamiken, die herrschen, zu verstehen.
Jeder ist ein Individuum, aber jeder ist auch Teil einer Gruppe – einer von vielen. Welche Erfahrungen ihn von früh auf prägten, welche Muster er sich aneignete wirkt auch in anderen Bereichen. Einzelkind, Erstgeborener – Ausländerfamilie und damit verbunden Werte- und Normenkonflikte zwischen Familien- und Gruppenwerten, es bleiben Spuren. Aber auch die Ereignisse in einer Gruppe hinterlassen Spuren. Wurde jemand übergangen, hatte einer keinen Platz, in jeder Gruppe herrscht eine eigene Dynamik, deren Gesetzmäßigkeiten nicht immer offen daliegen und deren Auswirkungen unverständlich scheinen.
Irrationale Ängste, Auffälligkeiten, ein nicht erklärbares destruktives Verhalten haben oft Ursachen, die nicht aus der jeweiligen Situation verstehbar sind.

Nach Hellinger (2002) gibt es in jedem System eine Ordnung, ein Recht auf Zugehörigkeit. Geben und Nehmen sollen ausgeglichen sein.
Manchmal hat man bei Kindern das Gefühl, als würden sie sich etwas anmaßen, und auch in einer Art Rolle sein (nach einem Skript leben). Die Liebe, die ein Kind mit der Familie verbindet, ist groß und bei kleinen Kindern sehr stark spürbar.
Nach Canacakis (2006) können kleine Kinder nicht loslassen, sie bringen ihre Systeme mit, manchmal haben sie etwas übernommen, was nicht zu ihnen gehört.
Das Erkennen systemischer Verstrickungen in einer Gruppe ist durch Reflexion und Supervision möglich. Dort wird ein Außenblick auf Situationen geworfen, die in der Gruppe Probleme machen und eine verborgene Ursache zu haben scheinen. Im Unterschied zu Selbstwertbereichen, die gut durch Einsicht und Verstehen korrigierbar sind, zeichnen sich gestörte Systembeziehungen meiner Erfahrung nach durch eine in der Gruppe unverstehbare Eigendynamik aus, die andere mit einbezieht und unveränderbar scheint. Das Kind reagiert nicht auf Ansprache, es tut, als wäre es in einem Zustand der Unzugänglichkeit, in dem es agiert, auch ohne die Konsequenzen zu verstehen, es scheint nicht ganz anwesend und ist übermäßig emotional erregbar. Dazu kommt ein zwanghaftes „nicht Lernen" aus sozialen Situationen. Alle Kraft geht in eine unsichtbare Richtung, für das Gegenwärtige bleibt wenig Aufmerksamkeit und Energie. Oft kommt es zu einer sozialen Isolierung, da die Reaktionen des Kindes anderen Kindern gegenüber unangemessen sind, und es wird gemieden. Für viele Eltern ist der Systembegriff neu – es muss erst ein gangbarer Weg gefunden werden, die eigene Beobachtung zu thematisieren.

Andreas, das mittlere Kind von dreien, ist immer auf Ausgleich bedacht, er spielt ruhig, hilft, wenn er merkt, dass ein Kind in Not ist, und äußert kaum eigene Bedürfnisse. Er ist sehr beliebt, manchmal aber setzt er sich auf meinen Schoß und erzählt mir eine traurige Fantasiegeschichte. Beim Malen vertieft er sich vollkommen, wird lustig, lacht und malt lange konzentriert.

Gruppendynamische Beobachtungen und Reflexionen haben immer etwas mit eigenem Empfinden zu tun. Ich bin betroffen, als sich eine Räubergruppe bildet, deren größtes Vergnügen es ist, den anderen Sachen zu verstecken, hämisch zu lachen, wenn eine Regel eingefordert wird und lieber ungesehen zu bleiben und untereinander zu kommunizieren.

Wir sprechen im Morgenkreis über Stimmungen. Einige Kinder aus der Räubergruppe meinen, sie wollen das Haus hier kaputtmachen. Davon ist ein Mädchen, das über eine hohe soziale Kompetenz verfügt, derart betroffen, dass sie zu weinen beginnt. Ich fordere auf hinzusehen, ein Kind meint daraufhin, er sei der, der die tröstet, denen etwas zerstört wurde. Eine Nachdenkpause tritt ein.
Zum dritten Mal ist ein Loch im Zaun. Ich bin ratlos, und in einer Supervision zeigt sich, dass es einen biografischen Hintergrund für meine Betroffenheit gibt. Beim nächsten Zwischenfall beende ich die Tendenz der Spaltung, in dem ich das Spiel Räuber klar in die Grenzen weise: keinem wird geschadet, alle gehören zu einer Gruppe, in der die erste Regel heißt: lieb sein zueinander – das gilt auch für das Räuberspiel. Wird das nicht eingehalten, wird das Spiel Räuber eine Zeit lang nicht gespielt und die Räuberhöhle in eine Drachenhöhle umgebaut.
Die Ereignisse berühren einige Kinder, die sich nun Gedanken machen, und sich lange miteinander unterhalten. Dann kommen sie zu K. und bitten sie darum, ein paar Herzen auszuschneiden. Sie wollen den Räubern Liebe schenken, um deren Verhalten zu ändern.

In einer Gruppe zieht das Verhalten immer weite Kreise und bleibt nie beim Einzelnen. Es werden Strategien versucht, Pläne geschmiedet, beraten, was zu tun ist. Strategien der Kinder werden wahrgenommen und manchmal nachgeahmt, die Räuber beeindrucken die anderen mit der großen Durchsetzungskraft und dem Zusammenhalt, der sich gebildet hat – sie handeln entsprechend dem roten Bereich: wir sind die Stärkeren und wir nehmen uns, was wir wollen. Damit wird die Gruppenregel „lieb sein zueinander“ oft nicht eingehalten.

Wir sitzen im Gruppenraum, die Räuber nehmen wieder Spiele der anderen Kinder und laufen damit in die Räubergruppe.
Nun beende ich das Räuberspiel: aus der Räuberhöhle wird eine Drachenhöhle – die Höhle wird leergeräumt und bis zum Zeitpunkt, in dem alle Räuber verstanden haben, lieb zueinander zu sein, bleibt das so.
Ich halte inne – welche Reaktion kommt? Widerstand, Protest, Schmollen?
Als wäre es die selbstverständlichste Sache der Welt, sagt kein Räuberkind ein Wort – sie nehmen es hin, als hätten sie darauf gewartet und spielen mit den anderen Kindern Drachenspiele. Ein Drachenmusikorchester wird gegründet und gemeinsam wird ein Lied komponiert: wir sind die Drachenarbeiter.

Bezüglich sozialer Lernfähigkeit sind die Kinder sehr unterschiedlich.

Gregor, der anfangs jede Regel zu überschreiten versucht, ist mittlerweile sehr hellhörig, wenn ich ihn auf eine Regel hinweise und befolgt sie.
Als Zweitgeborener hatte er sich im Vorjahr mit seinem Bruder konkurriert und es kam dabei zu sehr turbulenten Dynamiken. Heuer ist sein Bruder nicht mehr in der Gruppe, und er möchte nun dessen Platz als Ältester einnehmen. Er hat eine starke Durchsetzungskraft, die mit einer unglaublichen Wahrnehmungsfähigkeit für alle Vorgänge um sich herum und einem starken Willen verbunden ist. Seine Aktionen haben immer einen für ihn wichtigen Grund, auch wenn er weiß, dass er damit Regeln verletzt. So bemerkt er beim Spaziergang Spuren von Tieren, lässt die Hand seines Freundes los und läuft an den Rand, um sie zu begutachten. Dabei ist sein augenblickliches Interesse so stark, dass er auf die Regel, bei einem Spaziergang in der Reihe zu bleiben, vergisst.
Ich halte zu G. immer intensiven Kontakt, spreche später mit ihm über seine Handlungen und die Auswirkungen und wir versuchen, gemeinsam eine Lösung zu finden.

Ordnungen in der Gruppe

Wir sitzen bei der Jause. Ein Mädchen meint „ich bin die Königin, nein“, sie sieht um sich – „du bist die Königin Lena.“ Etwas später: „Maria ist die Königin.“ Alle nicken, dann verteilen sie Rollen “ wir sind die Feen, wir sind die Zauberer.“ Nora meint ernst: „Aber es gibt auch Räuber!“
Drei Mädchen spielen Arzt. Herr Schmidt – der kleine Stofftieraffe – muss operiert werden. Sie beraten sich, dann malen sie ein Krankenbild, auf dem die Bakterien in Herrn Schmidts Haut eindringen. Nun muss eine Entscheidung getroffen werden. Alle drei stehen vor dem Bild, Lena meint: „Wir müssen operieren, die eigenen guten Teilchen sind zu schwach!“ Sie eilen wieder zu Herrn Schmidt und bereiten die Operation vor.
Elisabeth sitzt mit vier Freunden im Spielhaus – dem Flugzeug, das startet – zehn, neun, acht, sieben sechs-….null Start. Ich werde eingeladen mitzufliegen – ich soll mich zum Flügel setzen, um dort besser zu sehen.
„Wir wollen heute keinen Morgenkreis!“, die beiden Kinder sind schwer zu überzeugen, denn sie wollen lieber in der Drachenhöhle bleiben.
Ein roter Holzbaustein – unser Gesprächsstein – kommt von einem zum anderen. Heute gibt es viel zu erzählen, vor allem die beiden aus der Drachenhöhle können nicht aufhören, den anderen mitzuteilen, was am langen Wochenende passierte.
Manche Vormittage lassen kaum Raum für didaktisch aufbereitete Themen. Es gibt jeden Tag einen Morgenkreis und gegen Mittag eine Geschichtenzeit. Am liebsten hören die Kinder schon bekannte Märchen.
Von manchen Kindern werden die Abläufe eingefordert – „Wir hatten noch keinen Morgenkreis.“ – andere lehnen sich dagegen auf und bringen neue Impulse ein – „Wir könnten doch statt Morgenkreis sofort in den Garten.“
Die Dynamik in der Gruppe ist meist durchdrungen von Widerständlern und denen, die mitmachen. Meist aber ist der Sog des Wiederholten stärker als das „Nein, das will ich nicht!“, vielleicht auch, weil die Neugierde auf Neues da ist.

Im Freispiel beobachten wir die Kommunikation zwischen den Kindern – wer spielt bei den Rollenspielen welche Rolle, kommt es zu Ausschlusstendenzen „die nicht, du nicht", welche Themen werden besprochen.
Ein paar Mädchen kommen zu mir: „Wir wollen zuerst auf die Leiter klettern – warum dürfen wir das nicht!". Nora ist ein ruhiges, nachdenkliches Mädchen, das sich überlegte, aber nur sprach, wenn sie gefragt wurde. Heute möchte sie als Erste auf den Baum klettern.
Sie hat die Strategie der anderen Kinder beobachtet und angewendet – wer zuerst die Idee dazu hat, darf als Erster nach oben. Es ist wichtig, einen guten, engen Gruppenkontakt zu ermöglichen, damit diese Prozesse miterlebt, nachvollzogen und ausprobiert werden können.
Während einige Kinder Jahre brauchen, um ihre Befindlichkeit und Bedürfnisse sprachlich für andere klar zu äußern und statt dessen mit dem Körper kommunizieren, genießen manche auch noch sehr kleine Kinder Sprache als Ausdrucksmittel.
„Das Sonnenlicht glitzert so hell durch die Blätter, das sieht aus wie ein Sternenhimme,l" sagte mir an einem Waldtag ein Dreijähriger. Sein Bruder war im Alter von zwei Jahren vom Wort Chaos fasziniert gewesen und hatte es wieder und wieder benutzt. So ein Chaos, das ist aber Chaos, macht nicht Chaos.
Ein Mädchen achtete sehr sorgfältig auf Genauigkeit beim Ausdruck.
„Sagst Du zu deiner Mama Eva oder Mama?"
„Mama, der Papa sagt aber Eva und nicht Frau!"
Zur Nixe: „ Das ist eine Frau, die im Fisch steckt!"
„ Heute kommt meine Oma!"
„Mamaoma oder Papaoma?"
„Nein, nicht Mamaoma, Mamamama!"
Bei einem Kind kam es zu sprachlichen Aggressionen, welche große Betroffenheit bei einem Mädchen auslösten. Selbst, wenn er im Nebenraum war, hörte sie ihm zu und wiederholte seine Sätze, hinterfragte und interpretierte, warum er das gesagt hatte. Immer wieder suchte sie nach Gründen für Verhaltensweisen, die sie nicht verstand.
Beobachtungen Sprache – Tun:
Ein Junge zerreißt Papier, versunken meint er nach einiger Zeit: „ Reiß di zsammen!" (womit gemeint ist: bemüh dich!)

Ein Mädchen hatte mit Wasserfarben gemalt und viel nasse Farbe aufs Papier aufgetragen, staunend stand sie vor dem Blatt und beobachtete einen Tropfen, der noch übers Blatt rann, wozu sie bemerkte: „Es malt noch!"

Als ein Mädchen wegen des Abschieds von seiner Mama traurig war versuchte ich es zu trösten: „Deine Mama ist in deinem Herzen!" Sie überlegte, nach einiger Zeit sagte sie ernst und bestimmt: „ Nein, meine Mama ist nicht im Bauch und im Herzen ist Blut!"

Peter ist schon drei Jahre, weigert sich aber, morgens allein die Schuhe auszuziehen. Wir beschließen, ihm diese Tätigkeit selbst zu überlassen und es gibt Tage, an denen er lange in der Garderobe sitzt und immer wieder fragt, ob ich ihm beim Ausziehen der Schuhe helfe. Ich schüttle den Kopf: „Ich weiß, dass du das schon selbst kannst!"

Er legt den Kopf schief und bewegt sich nicht. Nach einiger Zeit sieht er mich an und sagt: „ Maria- du bist die Selbsterin!"

Im Morgenkreis nehmen wir uns genug Zeit, um einander zuzuhören, und wenn es zu Konflikten kommt, ist es wichtig, den Sachverhalt zu klären. „...Hast du ihn gefragt, ob du mitspielen darfst? Er wollte auch damit spielen...." Ein Innehalten und Sprechen über einen Konfliktes veranlasst die Kinder oft, eigene Lösungen zu finden. Manchmal trösten sie sich selbst –„... dann spiel ich eben mit dem Bagger..." – oder finden eine Lösung, mit der sie sich zufrieden geben (...ich tausche mit dir die Jause, wenn du mich spielen läßt...). Sobald die subjektiv erlebte Wirklichkeit zur Wirklichkeit des Gegenübers in Bezug gesetzt wird, entschärfen sich viele Konflikte und es entsteht ein „Wir", das ein Drittes ist. Ich staune oft über die Vielzahl von kreativen Lösungen, die Kinder finden, wenn es darum geht, ein anderes trauriges Kind zu trösten, oder von einem anderen zu bekommen, was sie gerne hätten.

Kollektiv-außen
4. Quadrant

In den letzten Jahrzehnten vollzieht sich ein großer demografischer und sozialer Wandel, der sich auf die Struktur von Kinderbetreuungseinrichtungen auswirkt.
Die Berufstätigkeit von Müttern nahm in den letzten Jahrzehnten stark zu – über 30 % der Kinder unter 6 Jahren haben eine berufstätige Mutter. Dazu kam, dass durch die größere Mobilität weniger Verfügbarkeit von Großmüttern-vätern und anderen Familienangehörigen für die Kinderbetreuung herrscht. Zusätzlich veränderten sich die Familienstrukturen sehr stark – 48% der Familien haben ein Kind, was den Raum für soziales Lernen in der Familie einschränkt. 19% der Mütter sind in Österreich Alleinerzieherinnen. Aufgrund zunehmender Migration haben in Österreich heute ca. ein Fünftel der Kinder einen ausländischen Elternteil oder ausländische Eltern. All das erhöht die Anforderungen an die Einrichtungen, in denen Kinder im Vorschulalter betreut werden. (Reicher 2005)
Zu den strukturellen Dimensionen pädagogischer Qualität zählt man sowohl Rahmenbedingungen wie Gruppen- und Raumgröße und Personalschlüssel, als auch das Ausbildungsniveau der Betreuungsperson, die Stabilität der Betreuung, Gesundheit und Sicherheit, die Strukturierung des Betreuungsablaufs und Vorbereitungs- und Öffnungszeiten.
In einigen Studien wurde nachgewiesen, dass kleinere Gruppen zu kooperativem Verhalten, differenzierteren sozialen Spielen, höherer Sozialkompetenz und später mehr Lesefähigkeit beitragen. Kommt dazu ein guter Personalschlüssel, entwickelt sich ein komplexeres Spielverhalten, mehr Selbstkompetenz, mehr rezeptives Sprachverhalten und es kommt zu weniger Verhaltensauffälligkeiten. Das Kind hat mehr Zeit, in direkten Interaktionen mit den PädagogInnen soziale und sprachliche Fähigkeiten zu entwickeln. Eine höhere Anzahl von Betreuungspersonen fördert positive soziale Interaktionen und es entsteht ein besseres emotionales Klima, eine sichere Bindung zur Betreuungsperson und eine bessere Förderung kognitiver Fähigkeiten. Es gibt weniger Stress und einen positiven Umgangston. Die Konstanz der Betreuung und die

personelle Stabilität sind ein weiterer Faktor, der bei sehr kleinen Kindern Stress vermindert und zu höherer Bindungssicherheit führt. (Reicher 2005)
Studien zeigen auf, dass das Ausbildungsniveau der PädagogInnen für Vorschulkinder in Zusammenhang mit der Erziehungsqualität steht. Besser ausgebildete PädagogInnen können das Kind besser altersadäquat fördern und wissen um einen entwicklungsabhängigen Umgang. Vor allem mit kleineren Kindern ist dieses Wissen von großer Bedeutung, da damit das Handeln der Kinder gedeutet werden kann: Das betrifft sowohl Eigenheiten des frühen Lernens, die Abfolge der Entwicklungsschritte als auch die frühen Bindungsprozesse der Kinder. Je jünger die Kinder sind, umso wichtiger ist ein kompetenter Umgang. (nach Reicher 2005)
Einrichtungen für Kinder im Vorschulalter werden in Österreich nicht als Bildungs-, sondern als Betreuungseinrichtung bezeichnet. Damit stehen sie auch was den Namen betrifft am untersten Ende der Bildungspyramide, was Entlohnung, Arbeitsbedingungen, Aufstiegschancen und soziale Anerkennung betrifft. Sie unterliegen der Gesetzgebung der Länder und unterscheiden sich in den einzelnen Bundesländern hinsichtlich Struktur und Betreuungsschlüssel in vielen wesentlichen Bereichen. So ist die Kindergruppe in manchen Bundesländern als basisdemokratische Einrichtung verankert, in der Steiermark wird im Gegensatz dazu ausschließlich institutionelle Kinderbetreuung in Kindergärten vom Land gefördert.
Da unsere Gruppe trotz oftmaliger Projektanträge nicht ins herrschende Kinderbetreuungsgesetz fällt, finanzieren wir unsere Einrichtung aus den Elternbeiträgen und kleineren Subventionen. Wir sind eine private, altersgemischte Kindergruppe für Kinder von 2 bis 6 Jahren, die sich an den Kindergruppen in den restlichen österreichischen Bundesländern hinsichtlich Gruppengröße und Betreuungsschlüssel orientiert.
Kindergruppen sind basisdemokratische Einrichtungen, die in ihrem Konzept Kindheit als eine gleichwertige Lebensphase anerkennen und sich durch Gruppengröße, pädagogisches Konzept und Betreuungsschlüssel wesentlich von institutionalisierten Kindergärten unterscheiden.

„Jedes einzelne Kind muss von den Betreuungspersonen individuell beachtet und gefördert werden ...Jedes Kind wird als eigenständige Persönlichkeit beachtet, seine Individualität und seine Kreativität gefördert." (Dachverband der basisdemokratischen Kindergruppen Österreichs 2010)
Unsere Struktur besteht aus 15 Kindern und mittlerweile drei PädagogInnen.
Zur Entwicklungsförderung der Kinder und Transparenz in der Elternarbeit wurden Portfolios entwickelt, in denen Entwicklungsschritte jedes einzelnen Kindes im Sinne des 4-Quadranten-Modells einschließlich Linien und Ebenen nachvollziehbar sind. Sie beinhalten Zeichnungen des Kindes, Themen und Lieder, Beobachtungsbögen und Veranstaltungen.
Im Gruppenraum befindet sich eine vorbereitete Umgebung nach Maria Montessori, daneben gibt es einen Kreativraum. Die Vormittage sind klar strukturiert, es gibt einen Experimentetag, an dem wir einfache physikalische Experimente durchführen, einen Kreativtag, einen Waldtag, einen Kochtag und einen Musiktag. Themen ziehen sich über einen längeren Zeitraum und werden an den einzelnen Tagen vertieft.
(Experiment zum Thema Wasser, kreative Medien zum Thema Wasser, wir beobachten einen Fluss am Waldtag, wir kochen Suppe und singen ein Lied zum Thema).
Supervisionen und Teambesprechungen finden in regelmäßigen Abständen statt, es gibt am Jahresanfang und am Jahresende die Möglichkeit zu einem ausführlichen Einzelgespräch mit Eltern und Kind, bei dem die Portfolios gemeinsam mit dem Kind besprochen werden.
Diese Portfolios wurden einem schwedischen Modell entnommen und unterteilen sich in vier Bereiche: „Ich", „Ich kann", „Familie und Freunde" und „Gruppe".
Vierteljährlich finden Elternabende statt, zusätzlich erwünschte Elterngespräche sind jederzeit möglich. Wir arbeiten mit Frühförderstellen und Fachkräften zusammen, um Eltern auf eventuelle Zusatzförderungen aufmerksam zu machen.
„Körperliches und emotionales Wohlbefinden der Kinder, eine kognitive Stimulierung, soziales Lernen und Zuwendung unter Beachtung der individuellen Bedürfnisse sollten in einer außerfamiliären Betreuung im Mittelpunkt stehen" (Reicher 2005).

4.2 Zustände

„Bewusstseinszustände sind subjektiv und vorübergehend. Die Hauptzustände sind Wachen (grobstofflich), Träumen (subtil) und Tiefschlaf (kausal), das Bezeugen und der nicht duale Zustand. Daneben gibt es Zustandsveränderungen, die von uns beeinflusst oder beeinflussbar sind, oder aber Zustände, die gegen unseren Willen eintreten: müde, munter, traurig, fröhlich, ernst. Zustände können starke Motivationen hervorrufen und sinnstiftend sein (z.B. meditative Zustände oder drogeninduzierte Zustände)." (Habecker 2007, S. 17)
Kinder, die sich intensiv mit einer Tätigkeit beschäftigen, kommen in einen Zustand der tiefen Konzentration. Maria Montessori nennt diesen Zustand die Polarisation der Aufmerksamkeit und setzt ihn gleich mit kindlicher Arbeit, womit sie grundlegende und elementare Aktivität meint, die der Geist braucht, um sich zu entwickeln (Holtstiege 1993).

Anna sitzt vor den Aquarellfarben, sie tunkt den Pinsel in die Farbe, malt eine Linie und beobachtet das Fließen der Farbe auf dem Papier, dann versinkt sie kurze Zeit in Gedanken. Sie scheint das Umfeld nicht mehr wahrzunehmen, betrachtet die gemalten Linien auf dem Papier, überlegt, bevor sie die nächste Farbe auswählt hält inne, bevor sie den nächsten Strich malt und wirkt sehr ruhig. So malt sie Linie neben Linie. Schließlich betrachtet sie das Bild und legt es zur Seite. Dann fragt sie nach einem weiteren leeren Blatt Papier. So malt sie konzentriert fünf Bilder und nach Beendigung der Tätigkeit legt sie den Pinsel auf den Tisch, hängt den Malmantel an den Haken, wäscht sich die Hände und ist ausgelassen und übermütig.Valentin wirkt unruhig, ständig kreist er um Werner, nimmt Teile des Puzzles und legt sie unter die Bank in der Garderobe. Werner wird zornig und beginnt, laut zu schreien, Valentin greift erneut nach einem Puzzleteil. Werner schreit: „Du darfst aber nicht mitspielen!" Jeden Tag beim Morgenkreis haben die Kinder die Möglichkeit, von sich zu erzählen. Manche berichten über Ereignisse, manche schildern ihre Zustände: Eva sagt, „mir geht's heute nicht gut, weil ich was Schreckliches geträumt habe", Matthäus, der daneben sitzt, bemerkt mit einem Lächeln, „mir geht's Haus kaputtmachen", Katharina lacht, „mir geht's lustig"... .

4.3 Entwicklungsstufen – Ebenen

Ebenen (Stufen der Entwicklung) bezeichnen – im Gegensatz zu Zuständen, welche flüchtiger Natur sind – permanent erreichte Errungenschaften und Fähigkeiten. Verschiedene Modelle der Klassifizierung beschreiben diese Ebenen.

So beschreibt z.B. Jean Gebsers Modell fünf Strukturen des Bewusstseins, Maslow nennt sechs Ebenen der Bedürfnisse, Clare Graves und das Spiral Dynamics- Modell nennen acht Wertesysteme, Susanne Cook-Greuter differenziert zehn Ebenen der Selbstidentität. Hier gilt für Wilber "everybody is right" – jeder hat recht. Man kann das Spektrum der Entwicklung beliebig fein oder grob differenzieren, es kommt nur darauf an, dass man sich darüber im Klaren ist, auf welches Modell man sich gerade bezieht. (Schulz 2010)

Beck und Cowan (2007) beschreiben in einem Spiralmodell die Entwicklung der Gesellschaft und auch des Individuums in mehreren, aufeinanderfolgenden Stufen.
„Die historische Tatsache ist klar: Neue Zeiten bringen neues Denken hervor. In früheren Zeiten suchten wir Schutz in Clans. Sicherheit in einer beängstigenden Welt brachte uns die Fähigkeit, die Geister zu spüren und sie durch magische Rituale versöhnlich zu stimmen. Neue Zeit, neues Denken. Als Magie und Ritual begannen, uns die Luft zu nehmen, entkamen wir, indem wir den rohen Sinn unseres Selbst durchsetzten und Drachen erschlugen, die im Dunkeln lauerten. Das mächtige Individuum trachtete danach, Freunde, Verwandte und die Natur zu beherrschen. Neue Zeiten, neues Denken." (Beck/Cowan 2007, S. 23) Das entspricht der Trotzphase in Beck/Cowan 2007.
„Als daraufhin Chaos und Anarchie unangefochten an erster Stelle standen, suchten wir nach Sinn und fanden Seelenfrieden

in der absoluten und nicht hinterfragbaren Ordnung einer größeren Macht oder rechtmäßigen Autorität, dem Organisationsprinzip, das jedes Individuum und jede Gruppe überstieg. (…)“ (Beck/Cowan 2007, S.23)

„Als diese Ordnung gewalttätig und unterdrückend wurde und wir es leid waren, auf zukünftigen Lohn zu warten, forderten Einzelne die Autoritäten heraus und versuchten, das gute Leben im Überfluss bereits hier und jetzt zu realisieren. Als es diesem fortschreitenden Materialismus misslang, das Glück zu bringen, wurden wir einsam. Daraufhin wollten wir menschliche Gefühle wiederentdecken, Spiritualität zurückgewinnen und uns selbst finden.“ (Beck/Cowan 2007, S.23)

„Die Entwicklung von Kindern umfasst das Erwachen, die Anleitung und das Erlernen von wMemen (Stufen) in ihrer gesunden Form und zur angemessenen Zeit. Das Auftauchen neuer wMeme (Stufen) führt oft zu persönlichen Krisen innerhalb der Familie oder in den Arbeitsbeziehungen.“ (Beck/Cowan 2007, S. 37)

In der frühen Kindheit werden die beige, purpurne und rote Entwicklungsstufe durchlaufen. Damit wird die Wichtigkeit mythischer und magischer Elemente im Alltag betont – wie bei vielen Pädagogen (z.B. Bettelheim, Steiner, Piaget). Die Welt als solche wird noch nicht rational erklärt, sondern in Bildern, Vorstellungen und Empfindungen. Auch ist die Art der Wissensaufnahme kleiner Kinder verschieden vom späteren Lernverhalten – Maria Montessori spricht in diesem Zusammenhang von einem absorbierenden Geist – das Kind lernt eher atmosphärisch als denkerisch die Umwelt zu erfassen. Maria Montessori beschreibt diese Art zu lernen im „kreativen Kind“. In dieser Phase ist die Zugehörigkeit und Geborgenheit in einer Gruppe sehr wichtig

Katharina und Nora stellen die Sitzmöbel in die Mitte, Bernhard und Jonas gehen laut stampfend herum, sie würden auch gerne auf den Turm, fragen aber nicht, sondern versuchen die Mädchen zu vertreiben. Als das nicht gelingt, machen sie Lärm. Dann beginnen sie zu verhandeln.

Jonas: Kann ich zu dir auf den Turm?

Nora (auf dem Turm): Schau, da hinten ist noch ein Platz frei.
Katharina (auf dem Turm zu Jonas): Nein, da darfst du trotzdem nicht hin.
Nora (auf dem Turm): Doch, da hinten darf er hinauf.
Jonas: Willst du einen Polster, darf ich dann hinauf?
Katharina zu Nora (auf dem Turm): Er kann sich ja einen eigenen Turm bauen.
Bernhard zu Jonas: Wir werfen den Turm um.
Katharina: Na gut, da hinten könnt ihr hinauf.
Immer wieder beobachte ich, wie verschieden die Kinder auf die Bemerkung „du darfst nicht mitspielen" reagieren. Manche Kinder suchen sich eine andere Beschäftigung, andere wollen einen Handel machen – „dann bekommst du" – wieder andere stehen betroffen am Rand und sehen weiter zu. Zugehörigkeit ist eines der Hauptthemen „hier- darf ich- du darfst nicht". Oft thematisieren wir im Morgenkreis Gefühle, die damit verbunden sind.
Geschichtenzeit gegen Ende des Vormittags ist einigen Kindern sehr wichtig – neben Sachbüchern lesen wir auch Märchen und Bücher mit magisch-mythischen Elementen. Die Kinder erinnern sich noch lange Zeit an den Aufbau und Ablauf der Geschichten – immer wieder lese ich die Geschichten später nochmals. Sie stellen Fragen dazu oder zeigen Empathie, indem sie einen Bezug zu ihrem Lebenskontext herstellen.
Wir sind im Garten. Elisabeth hat den weichen Stein zersägt und schreibt mit einem Hirschgeweih Zeichen in die feine Sandschicht auf dem Sandtisch. „Das ist eine Geheimsprache, die dürfen nicht alle verstehen!", meint sie. Mit Bernhard und Elisabeth unterhält sie sich intensiv über die Geheimzeichen und die Zugehörigkeitsrituale in ihrer Gruppe. Zur gleichen Zeit zeichnet Lena ein Bild auf die Tafel. „Das ist eine Zeichensprache, die kann nicht jeder lesen, nur wir!" Lebhaft unterhält sie sich mit Katharina über ihre Sprache.
Im Wald findet Anne ein Stück gegabeltes Holz. Sie legt einen Stein hinein und kommt zu mir. Sie möchte sich eine Axt bauen, dazu braucht sie Draht oder eine Schnur. Wir entdecken ein Stück alten Zauns, aus dem wir einen Draht nehmen, damit bastelt sie sich eine Axt. Lena und Jonas beginnen in der Erde

zu graben, um die darin zum Vorschein kommenden Steine freizulegen.
Faszination Kochen: Kaum eine Tätigkeit wird konzentrierter mitverfolgt – wir mahlen das Getreide in der Getreidemühle, kneten den Teig, formen kleine Brote, schneiden Gemüse, sammeln Kräuter im Garten und beobachten das Teewasser, das kocht, bevor wir mit den Kräutern frischen Tee zubereiten.

Neben Alltagstätigkeiten wie z.B dem Kochen lieben Kinder es, eigene Rollenspiele zu entwickeln, in welchen sie diese nachspielen und ihrer Fantasie dabei freien Lauf lassen. Rollenspiele, die in unserer Gruppe gespielt wurden, entsprangen der Fantasie der Kinder oder entstanden aus Themen in der Gruppe und handelten meist von diesen Themen: Arzt, Drachen, „Gatschi- matschi" (Sand), Weltraum, „Moldau", „Otto", Lastwagenfahrer, „Turm bauen", Familie, „Musikgruppe Drachenmusiker", Krokodile, Schiff, Überschwemmung, Piraten, Zug, „Hexe, die alles klaut".

Ken Wilber bezeichnet die Bewusstseinsentwicklung im Alter von 0 bis 6 Jahren als die präpersonale Phase, nach welcher die personale und die transpersonale Phase folgen. „In der präpersonalen Phase entwickelt sich das Selbstwertgefühl des Menschen, das aus drei Stadien besteht: aus dem physischen, emotionalen und dem geistigen Selbst. Die präpersonale Phase beginnt mit 0 Jahren und endet mit dem 6. Lebensjahr.
Dabei hat sich eindeutig herauskristallisiert, dass der Vorschulbereich die Bassis für eine ganzheitliche Entwicklung ist und sich hier das größte Lernpotential aus entwicklungspsychologischer Sicht befindet, sei es nun kognitiv, emotional oder sozial. In dieser Zeitspanne werden grundlegende Kompetenzen entwickelt, die von sogenannten kritischen Phasen blockiert werden können. Rutter stellte fest, „dass Kinder, die im Vorschulalter keine Bindung zu einer Bezugsperson aufbauen konnten, diese Fähigkeit später kaum mehr erlernen können." (nach Suntinger 2007, S. 26f)
Die Ebenen und Strukturen sind im Wesentlichen dauerhafte, bleibende und grundlegende Komponenten des Bewusstseins.
Im kognitiven Bereich bleibt z.B. eine einmal entwickelte und ausgereifte Fertigkeit – der Umgang mit Bildern oder

Symbolen, die Begriffs- und Regelbildung – im Großen und Ganzen bestehen; höhere kognitive Strukturen umfassen im Allgemeinen die niedrigeren und integrieren sie (Wilber, nach Schulz 2010).

4.4 Entwicklungslinien

Jeder einzelne Mensch verfügt über unterschiedliche Fähigkeiten, die Howard Gardner als multiple Intelligenzen bezeichnete. Er nannte sie sprachliche Intelligenz, logisch-mathematische, musikalisch-rhythmische, bildlich-räumliche, körperlich-kinästhetische, naturalistische, interpersonelle, intrapersonelle und spirituelle Intelligenz.
Diese Linien sind bei jedem Menschen verschieden stark ausgeprägt und entwickelbar. Für die Entwicklung einzelner Linien gibt es gut beobachtbare Zeitfenster (Brunner/Rottensteiner 2002).

Manuel (3,5 Jahre) hat den Buchstabenkasten aus dem Regal genommen und beginnt, die kleinen Buchstaben vor sich auf den Tisch zu legen. Ich setze mich zu ihm, frage, was er denn gerne schreiben möchte. Er sagt folgende Worte: „Hotel, Nudel, Carina."

In der frühen Kindheit erfolgt Lernen nach einem eigenen Plan, da jedes Kind individuelle Zeitfenster für den Erwerb einzelner Fähigkeiten hat. Methodisch aufbereitete Lerninhalte werden manchmal nicht wahrgenommen, während spontan entstandene Spiele starkes Interesse erwecken und zu intensiven Lernprozessen führen.
In dieser Zeit ist es gut, die Rolle der Pädagogen als Beobachter nach Maria Montessori einzunehmen und die Interessen der Kinder im freien Spiel wahrzunehmen. Neben kognitiven Bereichen entwickeln sich emotionale Bereiche und das Verhältnis zur Natur wird aufgebaut, ein Ich-Verständnis wächst, ein Platz in der Gruppe wird gesucht, Musik wird wahrgenommen und integriert, die Grobmotorik verfeinert sich

zur Feinmotorik und es entstehen Schriftzeichen. Auf Beobachtungsbögen in den Portfolios halten wir die Entwicklungsschritte der Kinder in den einzelnen Bereichen fest.
Die Intelligenzen nach Gardner wurden von Brunner und Rottensteiner (2002) für Kinder folgend genannt: wortklug, logikklug, musikklug, bilderklug, körperklug, naturklug, selbstklug, menschenklug.
Während wir die Beobachtungsbögen ausfüllen, legen wir das Augenmerk auf augenblickliche Interessen der Kinder, über die wir in einer Intervision kommunizieren.

Jonas zeigt großes Interesse für Pflanzen und Tiere, da ist Peter, der sich mit 2,5 Jahren an Sprachspielen freut und über den Klang mancher Worte lacht, Elisabeth leitet und motiviert eine kleine Gruppe und Nora kommentiert und interpretiert Ereignisse, die sie beobachtet. Manfred hat ein großes Interesse an Zahlen, spielt aber zurzeit selten mit anderen Kindern.

Die Vormittage haben eine klare Struktur – Bringzeit, Freispielzeit, gemeinsamer Morgenkreis, in dem der jeweilige Themenschwerpunkt besprochen wird, und anschließend Jause, dann wieder Freispielzeit, meist im Garten. Kurz vor der Abholzeit wird eine Geschichte erzählt.
Um das Verhalten der Kinder beobachten zu können, sind uns die täglichen Freispielzeiten sehr wichtig.

Morgens erzählte Nora (5 Jahre): „Heute fuhr Papa 60km/h, obwohl wir schon im Ortsgebiet waren.“ Sie kann bis 100 zählen und erkennt geschriebene zweistellige Zahlen.

Während der musikalischen Früherziehung forderte die Pädagogin die Kinder auf, ein Lied vorzusingen: Klara (2,5 Jahre) wurde von ihrer Schwester dazu ermutigt, stellte sich in die Mitte des Kreises – und sang allein fehlerfrei ein Kinderlied.

4.5 Typen

„Typologien sind ein Ausdruck der Erfahrung, dass sich Unterschiedliches unter einem Oberbegriff zusammenfassen lässt. Sie spielen eine große Rolle beim Ordnen und Einteilen der Unterschiedlichkeit der Phänomene. Die Vielzahl der Modelle ist unüberschaubar, von astrologischen Typologien über Elemente Typen und Temperamenten und Physiognomien bis zu grundlegenden Klassifizierungen wie Ying/Yang oder männlich/weiblich. Sie finden alle Platz im integralen Modell.“ (Habecker 2007, S. 23)
Wir beschäftigten uns im Laufe des Jahres intensiv mit der Typologie Mädchen - Bub, da wir immer wieder mit Bemerkungen wie „das ist Mädchenzeugs, Mädchen sind blöd, Buben sind gemein“ konfrontiert wurden. So beschlossen wir – Pädagoginnen und Interessierte, einen Workshop mit Frau Scambor zu organisieren, um unseren eigenen Standpunkt zu reflektieren und uns für die Fragestellung zu sensibilisieren.
An diesem Nachmittag wurde uns bewusst, welch großen Einfluss das Geschlecht als gesellschaftliches Strukturierungsprinzip auf mögliche Entwicklungen von Persönlichkeit, Emotionalität, Fähigkeiten, Berufswahl, Familienrolle und Lebensverlauf nehmen kann. Durch eine Analyse versuchten wir ungleiche Möglichkeiten zu erkennen, bzw. weiblich-männlich auch als konstruierte gesellschaftliche Kategorien wahrzunehmen.
Wir wurden auch mit dem Frauenbild in der Kinderbetreuung konfrontiert, welches durch Eigenschaften wie warmherzig, anteilnehmend sozial, pünktlich, offen, kinderliebend und handwerklich geschickt geprägt war und erfuhren, dass Frauenarbeit historisch gesehen dann anerkannt wurde, wenn sie dem Gemeinwohl diente. In einer Genderanalyse wurde schließlich danach gefragt, wie gegebene Strukturen zur Herstellung von Unterschieden beitragen.

Schließlich stellten wir uns die 4-R-Fragen (nach Scambor 2010):
Repräsentanten:
Wie verteilen sich Buben und Mädchen in den einzelnen Spielbereichen in unserer Gruppe?

Ressourcen:
Wie lange halten sie sich in den Spielbereichen auf?
Realitäten:
Wie ist die farbliche Gestaltung der Spielbereiche?
Rechte:
Werden häufig Räume benutzt, die vorrangig von Buben oder Mädchen frequentiert werden?

Dazu kamen noch weitere Fragen:
Welche Rollenstereotype werden in den bei uns vorhandenen Kinderbüchern verwendet? Welche Geschichten bevorzugen die Kinder und wie sind dort die Rollenverteilungen? Welche Bezeichnungen werden typisch mit Mädchenverhalten in Verbindung gebracht?
Wir hatten schon längere Zeit beobachtet, dass manche Spielbereiche fast ausschließlich von Buben (ein Mädchen war in der Gruppe der Buben) benutzt wurden.
Als ersten Schritt wollten wir das Thema „Gibt es zwischen Mädchen und Buben Unterschiede?“ in die Gruppe einbringen, und ich stellte im Morgenkreis die Frage, ob sich Mädchen von Buben unterscheiden. Folgende Antworten waren zu hören:

Katharina: Mädchen sind ein bisschen lieber und freundlicher.
Manfred: Männer erkennt man bei den Haaren, Frauen sind blond und Männer sind schwarz.
Lena: Sie haben oft oben eine Glatze, haben ein „Spazi“, Frauen haben ein „Muma“.
Jonas: Sie haben einen Busen.
Manuel: nix
Helmut: nix
Katharina: Sprache, Männer reden tief, Frauen reden hoch.
Nora: Dass Mädchen und Frauen längere Wimpern haben als Buben und Männer, dass Männer irgendwie kräftiger sind.
Katharina: Mädchen sind meistens schwach.
Jonas: Mein Papa kann die Mama auch hochheben.
Andreas: Mädchen sind immer rosa angezogen.
Nora: Mädchen sehen meistens eleganter aus als Buben.
Lena: Manchmal schauen Männer sehr fesch aus.
Helmut: Bei Mädchen ist es schwieriger beim „Pieseln“, dass sie sich hinhocken

Nora: Mädchen können besser spielen, fair sein und freundlich sein
Manuel: Buben besser „ludeln“, Eishockey spielen und Ski fahren
Lena: irgendwie lieber sein, anderen eine gute Freundin sein.

Es schien, als wären vor allem die körperlichen Unterschiede wichtig, aber die Wertungen, die in der Gruppe erfolgt waren, wurden nicht genannt. Wir versuchten, in der nächsten Zeit auf Bemerkungen der Kinder bezüglich Geschlecht zu achten und diese immer wieder zu hinterfragen: Tragen Mädchen wirklich immer Rosa, schreien wirklich nur Buben?
Einige Zeit später: Gibt es einen Unterschied zwischen Mädchen und Buben?

Manuel: Dass Mädchen Herzerl mögen und Blumen und Buben nicht so Sachen, die wir volle „schiach“ finden (wird sehr emotional dabei).
Andreas: Ich finde, dass ich kein Rosa mag, das find ich als ein voller Idiot (wird auch emotional).
Manuel: Und was ist mit einem rosa Morgenhimmel?
Andreas: Rosa Morgenhimmel find ich schön.
Anne: Ich will nix sagen.
Katharina: Das erkennt man bei der Kleidung, Buben haben schwarz, blau und grau und Mädchen haben rosa und pink. Der Seppi von Mama ihrem Bruder wollte immer Mädchenkleider anziehen.
Nun kam es auch zu Wertungen, „Mädchensachen“ wurden als „volle schiach“ bezeichnet, „Herzerl“ als blöd. Wieder hinterfragten wir die Aussagen – sind „Herzerl“ wirklich blöd? Während der nächsten Wochen beobachteten wir, dass das Mädchen aus der Räubergruppe häufiger mit den anderen Mädchen spielte.
Aber immer noch unterbrach die Räubergruppe, die in der Räuberhöhle wohnte, die anderen Kinder bei Spielen und äußerte sich abfällig über die Farbe Rosa und „Mädchensachen“. Eines Tages waren nur wenige Kinder der Räubergruppe anwesend und ein paar Mädchen, die sonst nie in der Räuberhöhle gespielt hatten, gingen in die Höhle und begannen dort zu spielen. Auch die folgenden Tage kamen sie

immer wieder dorthin, um mitzuspielen, was manchmal möglich war, manchmal aber nicht. Im Laufe der nächsten Wochen durchmischte sich die Räubergruppe mit den anderen und gemeinsame Spiele begannen.
Besonders spannend war die Beobachtung der Übernahme von Verhaltensweisen, welche früher verpönt gewesen waren – einige der früher schüchternen Mädchen begannen ebenso zu schreien wie die Mitglieder der Bubengruppe, um sich damit besser durchzusetzen.

5. Arbeit mit Portfolios

Beim Eintritt in die Gruppe wird für jedes Kind eine Portfoliomappe mit dem Namen des Kindes angelegt. Die Portfoliomappe ist in vier Bereiche unterteilt. Das Kind sucht sich die Symbole für die Bereiche „Ich“, „Ich kann“, „Familie und Freunde“ und „Gruppe“. Diese Einteilung wird in diesem Kapitel näher erklärt und entspricht inhaltlich den 4 Quadranten. Durch Beobachtungsbögen im Bereich „ICH KANN“ und „ICH“ werden Linien, Zustände und Entwicklungsebenen aufgezeigt. Sachthemen und Lieder sind im Bereich Gruppe enthalten. Die Kinder sollen mit ihren Portfolios so selbständig wie möglich arbeiten, sie können sie mit nach Hause nehmen, oder ihren Freunden zeigen.

Für uns sind sie wertvolle Instrumente, um die individuelle Entwicklung des Kindes zu begleiten. Portfolios sind ein wichtiges Element der Qualitätssicherung, wertvolle Instrumente für die Kommunikation mit den Eltern bei den Eltern-Kind-Gesprächen und als Entwicklungstagebücher haben die Kinder große Freude daran.

Kommt ein neues Kind in die Gruppe nehmen wir uns Zeit, um mit ihm gemeinsam die eigene Mappe anzulegen. Dafür bitten wir ein anderes Kind, uns seine Mappe zu zeigen und blättern sie gemeinsam durch. Dann darf sich das Kind die Farbe der Mappe und der Trennblätter aussuchen. An den Rand kleben wir Symbole für die einzelnen Bereiche, um das Einordnen der Blätter zu erleichtern.

Wir erklären dem Kind auch, dass alle Zeichnungen, die es von nun an macht in diese Mappe kommen werden. Meist sind die Kinder sehr stolz auf ihre Portfolios – kommen Besucher in die Gruppe, werden sie gezeigt, manchmal werden sie mit nach Hause genommen. Da die Blätter chronologisch eingeordnet werden, ist ein Wahrnehmen der Entwicklung des Kindes möglich – von der Grobmotorik zur Feinmotorik, von abstrakten Farbzeichnungen zu Details in Bildern, von Linien zu Buchstaben. Auch Geschichten, die die Kinder erfinden werden aufgeschrieben und in den Mappen aufbewahrt.

Klara (3,5 Jahre) erzählte eines morgens: „In der Walpurgisnacht waren viele Hexen. Der König wollte die Hexen rausschmeißen. Da haben die Hexen den König in einen Frosch verwandelt. Dann hat die Prinzessin die Krone draufgehaltet und den König zurückgezaubert."

5.1 Einteilung der Portfolios

Ich (individuell-innen, 1.Quadrant)

entspricht dem ersten Quadranten der inneren Befindlichkeit des Kindes. Es geht hier um Gefühle, das eigene Körperempfinden und die Mitteilung der eigenen Befindlichkeit.
In diesem Teil befinden sich Selbstbilder, Körperbilder der Kinder, Zeichnungen von der Hand, die Körpermaße, Interviews über Vorlieben, Bilder, Themen, die mit dem Ichbereich zu tun haben, wie das Herzensschloss (siehe Themen), oder das Inselbuch, in dem jedes Kind seine Insel zeichnet (so sieht meine Insel aus, das ist der Weg zu meiner Insel, Freunde auf meiner Insel, Pflanzen und Tiere auf meiner Insel, „das mache ich am Tag", „das mache ich in der Nacht").

Ich kann (individuell-außen, 2.Quadrant)

Hier sind Zeichnungen des Kindes, Bilder mit Fingerfarben, Scherenschnitte oder Masken und Collagen, feinmotorische Übungsblätter, Buchstaben und Zahlen enthalten.
Die Intensität, mit der Kinder malen, ist unterschiedlich. Es gibt am Maltag Angebote, aber viele Kinder greifen jeden Tag zu Papier und den verschiedenen Farben, um zu arbeiten. Im Bereich „Ich kann“ finden sich auch die Beobachtungsbögen nach Gardner, entnommen aus Brunner, Rothensteiner, die beim Elterngespräch thematisiert werden.
Uns ist es wichtig, die Ressourcen des einzelnen Kindes zu erkennen und mit den Eltern zu kommunizieren. Manche Kinder, die wenige gemalte Bilder im „Ich kann“ Bereich haben, zeigen ein großes Interesse für Pflanzen oder lieben Rollenspiele.
Nicht nur Interessen wechseln, auch die Intensität ändert sich während eines Jahres ständig und es ist gut, anhand von Aufzeichnungen den Verlauf der Entwicklung vor Augen zu haben. So beginnt ein Kind nach einigen Monaten im Morgenkreis mitzusingen, ein anderes entdeckt sein Interesse für Farben, ein anderes bevorzugt grobmotorische Spiele und ist am liebsten im Garten. Gut beobachtbar ist das Chaos, das eintritt, wenn ein Kind vom kleinkindhaften allein spielen zu gemeinsamen Spielen mit den anderen wechselt. Es gibt Tage, an denen es launisch reagiert, Unordnung hinterläßt und wenig zufrieden ist.
Im „Ich kann“ Bereich werden die Kinder auch dazu angeregt, Eindrücke von gemeinsam besuchten Veranstaltungen festzuhalten: Ausstellungsbesuche, Wanderungen, Besuche von Eltern und zu sagen, was ihnen besonders wichtig war.

Familie und Freunde (kollektiv-innen, 3.Quadrant)

Dieser Bereich enthält Zeichnungen, die die Kinder einander schenken, Bilder von Elternbesuchen, Bilder der Familie und Zeichnungen für die Eltern. Es ist ein besonderer Tag, wenn Eltern bei uns in der Gruppe sind, manchmal erzählen sie vom Beruf, manchmal bringen sie Bücher mit, oder sammeln mit uns Pflanzen im Garten, aus denen wir später Tee kochen, manchmal bringen sie auch ein Spiel, das gemeinsam gespielt wird. In diesem Bereich befinden sich auch die gemeinsam erarbeiteten Gruppenregeln:

- Lieb sein zueinander
- Jedes Kind darf fertigspielen
- Will ein Kind mitspielen, muss es das spielende Kind (die Kinder fragen)
- Nach dem Spielen wird das Spiel weggeräumt
- Manchmal spielen wir Pippi und sind laut und übermütig
- Im Morgenkreis hören wir einander zu
- Wir reden miteinander, statt etwas wegzunehmen oder zu schlagen

Die Umgangsformen in der Gruppe werden oft im Morgenkreis besprochen. Hier können die Kinder einander sagen, was sie sich wünschen, was sie stört, oder was ihnen gut gefällt.
Tages- und Wochenaktivitäten sind ebenfalls Themen des Morgenkreises, so wie die „Wie geht es dir" Runde, in der jedes Kind zu Wort kommt, um zu erzählen, womit es sich gerade beschäftigt

„Der Kindergarten soll danach streben, dass jedes Kind sein Vermögen entwickelt, seine Gedanken und Ansichten auszudrücken und damit die Möglichkeit erhält, seine Situation zu beeinflussen.“ (Krok/Lindewald 2007, S 65)

Gruppe (kollektiv-außen, 4.Quadrant)

Hier sind die aktuellen Themen zu finden, die von Liedern und Geschichten begleitet werden. Aus dem Jahresthema ergeben sich Monatsthemen, die sich wiederum oft aus den Spielen der Kinder ableiten. So führte das große Interesse an Vulkanen zum Thema: Naturgewalten und das Rollenspiel Familie, das von vielen Kindern gespielt wurde führte zum Thema: Vom Liebhaben. Am Jahresende beim Abschlussfest werden alle Themen nochmals kurz angeschnitten, etwa in Form eines Rätsels, manchmal in Stationen mit Liedern und Erinnerungen. Wichtig bei den Themen ist der sinnliche Bezug zum Lebenskontext des Kindes, Experimente und Lieder werden vor diesem Hintergrund ausgesucht.

5.2 Eltern-Kind-Gespräch

Am Jahresanfang und am Jahresende findet ein Eltern-Kindgespräch statt, in dem wir uns über das Leben in der Gruppe, die Themen und die Wünsche des Kindes für das Jahr, bzw. die Erinnerungen an all das, was war unterhalten. Meist erzählen die Kinder begeistert über Erlebnisse, die ihnen aufgrund der Bilder in der Mappe einfallen: „hier waren wir in....... das habe ich für..... gemalt".
Es wird im Ich-Bereich über Gefühle und Vorlieben der Kinder gesprochen und im Ich-kann-Bereich stehen die Stärken und Ressourcen des Kindes im Mittelpunkt. Ereignisse mit anderen Kindern werden im Familie und Freunde-Bereich besprochen und Themen während des Jahres im Gruppenbereich.
Es gibt Kinder, die zu Hause sehr wenig über die Gruppe erzählen, beim Eltern- Kind-Gespräch aber sehr offen sind.
Meist genießen die Kinder die Situation mit Mama, Papa und der GruppenleiterIn ein Gespräch zu führen.

5.3 Reflexion

Die Reflexion der Arbeit findet auf mehreren Ebenen statt. Es gibt eine monatliche Supervisionsgruppe von Frau Baxa und Frau Essen vom Institut Apsys, in der aktuelle Fragen thematisiert werden können.
Zwischen den MitarbeiterInnen gibt es in regelmäßigen Abständen Teambesprechungen, bei denen es um Beobachtungen der Verahltensweisen der einzelnen Kinder, Themen, Ausflügem aktuelle Ereignisse und nächste Ziele geht. Wir stellen Kinderinterviews zusammen und tauschen uns über das Klima in der Gruppe und eigene Anliegen aus. Zusätzlich halten wir unsere Beobachtungen mithilfe der Beobachtungsbögen und schriftlichen Aufzeichnungen fest.
In den Mappen wird das Verhalten des Kindes auf Beobachtungsbögen festgehalten, Gruppenereignisse werden täglich schriftlich festgehalten.

6. Eltern-Kind-Mappe

Um die pädagogische Landkarte nach der wir in der Gruppe arbeiten, transparent zu machen, erstellten wir zur selben Zeit, als wir mit der Arbeit mit den Portfolios begannen eine Eltern-Kind-Mappe, mit derselben Einteilung wie die Portfolios. In dieser werden die Bereiche der Portfolios für die Eltern erklärt.

Ich (individuell-innen, 1.Quadrant)

"Da geht's mir gut"

Kinder sind unterschiedlich. Nicht alle reagieren auf die gleiche Umwelt gleich. Auch der Entwicklungsplan jedes Kindes ist einzigartig. Nach Maria Montessori hat ein Kind eine sensible Phase, in der es für die Aneignung speziellen Wissens (Sprache, Mathematik, Bewegung, Sozialkontakte) besonders empfänglich ist. Prozessorientierung heißt: Zulassen dessen, was sich ereignet. Manchmal scheinen die Kinder um sich herum zu vergessen was passiert und werden eins mit dem, was sie tun. Das kann geschehen, wenn eine Herausforderung gegeben ist, es aber zu keiner Überforderung kommt. Eine vorbereitete Umgebung staffelt die Schwierigkeit

In den ersten Lebensjahren werden viele Verschaltungen zwischen den Nervenzellen im Gehirn angelegt. Ein einjähriges Kind legt etwa 150% mehr als ein Erwachsener an. Bis zu einem Alter von ca. vier Jahren wachsen Nervenzellen und bilden ein Netzwerk aus Neuronen. Dabei entsteht ein dichtes Netzwerk von Verbindungen zwischen den Zellen. Im späteren Prozess werden jedoch Kontaktstellen abgebaut, nur die häufig benutzten bleiben übrig und verfestigen sich. Was nicht gebraucht wird, wird abgebaut, was gebraucht wird, wird stärker gebunden. Gehirn und Umwelt sind in einem System, das sich gegenseitig beeinflusst.

Körperbilder zu zeichnen und anzumalen macht Spaß. Meines nehme ich mit nach Hause. Es gibt mich nur einmal – ich bin wichtig. Selbst auf dem Bild, auf dem nur meine Umrisse sind, kann ich mich wiedererkennen. Ich unterscheide mich von den anderen.

Im Spielalter (4.-6. Lebensjahr) entscheidet sich, ob das Kind durch die Förderung seiner Selbständigkeit lernt, Initiative zu entwickeln, oder aber, weil ihm durch Einengung und

Bevormundung seitens der Erzieher Freiheit und Selbständigkeit versagt bleiben, stattdessen nur ein Schuldgefühl entwickelt (Erikson).

Auch in der Gruppe spiele ich gerne manchmal allein.

Kinder sollen um ihre Grenzen wissen und lernen, Nein zu sagen, wenn ihnen etwas „komisch" vorkommt. Freundschaft soll nicht davon abhängen, immer überall mitzumachen. Indivudation bezieht sich auf die Entwicklung der eigenen Anlagen und Fähigkeiten und hat das Ziel, sich selbst als einzigartig und unverwechselbar zu erleben und zu verwirklichen (BildungsRahmenPlan, 2009).

Bernhard bat mich mit ihm diese Worte zu schreiben.

Hier in der Gruppe sollen die Kinder ihre Identität entwickeln. Dazu gehört Selbstvertrauen und die Fähigkeit zuzuhören und seine Meinungen zu vertreten. In regelmäßigen Abständen gibt es Gespräche mit dem Kind

über bestimmte Themen: „das mag ich, das kann ich, ich finde".

„Emotionen, wie etwa Freude oder Furcht, entstehen als Reaktion auf die subjektive Bewertung einer Situation. Das Erleben und bewusste Empfinden von Gefühlen ist mit physiologischen Vorgängen wie Erröten und Ausdrucksweisen wie Lachen oder Weinen verbunden. Kinder sind von Beginn an soziale Wesen, deren Beziehungen von Emotionen geprägt sind. Mit zunehmendem Alter gelingt es ihnen immer besser, ihre Impulse zu kontrollieren, ihre Emotionen zu regulieren und Bewältigungsstrategien einzusetzen." (BildungsRahmen Plan 2009)

Wir tauschen unsere Sicht der Welt aus, teilen einander mit, was uns wichtig ist. Was mir heute wichtig ist, verändert sich.
Anna zeichnet ein Bild und erklärt:
„Das ist die Ksenija, die hab ich lieb."
Alle Gefühle gehören zu mir. Es ist wichtig, Gefühle auszudrücken: malen, oder davon erzählen, oder singen, mit allem zeige ich den anderen, wie es mir geht.
Vom Tränchen wissen wir, dass es gut ist, auch traurige Gefühle zu zeigen. Das Tränchen sagt: Kinder, die ihre Traurigkeit schlucken, stinken.

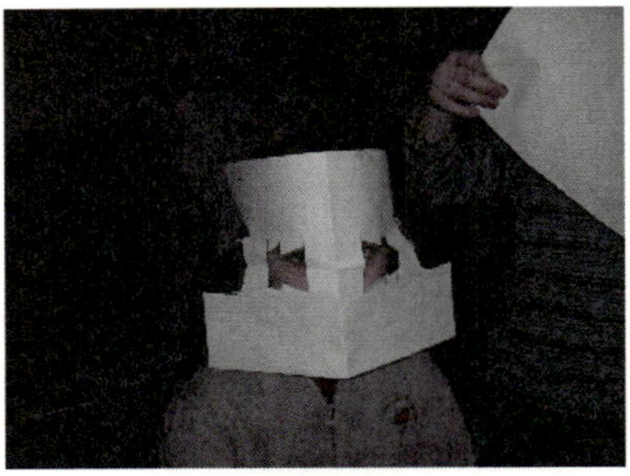

„Unter Selbstkompetenz oder personaler Kompetenz werden ein positives Selbstkonzept, Selbständigkeit, Eigeninitiative und die Fähigkeit, für sich selbst verantwortlich handeln zu können, verstanden. Dazu trägt wesentlich die individuelle Resilienz (Widerstandsfähigkeit) eines Kindes bei. Resiliente Kinder glauben an ihre Selbstwirksamkeit, setzen sich mit Problemsituationen aktiv auseinander und bringen ihre Kompetenzen optimal ein. Die Bewältigung herausfordernder Situationen stärkt wiederum ihr Selbstwertgefühl.“ (BildungsRahmenplan 2009, S6). In der Montessori-Pädagogik hat man ein Kind vor sich, das sozusagen noch nicht existiert – es offenbart sich erst durch seine Arbeit. Man muss sich von jeder vorgefassten Meinung lösen, die das Niveau betrifft, auf dem sich die Kinder befinden können.
Im Bildungsrahmenplan 2009 werden Kinder als „Ko-Konstrukteure von Wissen, Identität, Kultur und Werten“ bezeichnet.

Da hab ich meine Hände gemalt.

Denken kommt vom Handeln, alle der Hand zugeordneten Areale im Kopf sind praktisch mit der gesamten Hirnrinde verbunden. (Ciompi 2005)
Bei den Übungen des täglichen Lebens – Hände waschen, Geschirr abwaschen, Tisch decken, selbst das Glas füllen, Maschenbinden – lernen die Kinder selbständig zu werden.

„Jedes Kind ist einzigartig in seiner Persönlichkeit, seiner sozialen und kulturellen Herkunft, seinen Bedürfnissen und Lernpotenzialen sowie seinem Entwicklungstempo. Im Sinne der Individualisierung wird das Recht jedes Kindes ernst genommen, auf seine spezielle Art und in seinem Rhythmus zu lernen. Durch systematische Beobachtung und Dokumentation können die individuellen Lernvoraussetzungen jedes Kindes festgestellt und zum Ausgangspunkt der Planung und Durchführung pädagogischer Angebote werden."
„Empowerment heißt „Ermächtigung" und stellt ein Handlungskonzept dar, das sich an den Stärken und Potenzialen von Menschen orientiert. Diese Haltung unterstützt

Kinder und Erwachsene, ihre Gestaltungsspielräume und Ressourcen besser wahrzunehmen und zu nutzen. Dadurch wird ihr autonomes und selbstverantwortiliches Handeln gestärkt.“ (BildungsRahmenPlan 2009).

ICH KANN (individuell-außen, 2.Quadrant)

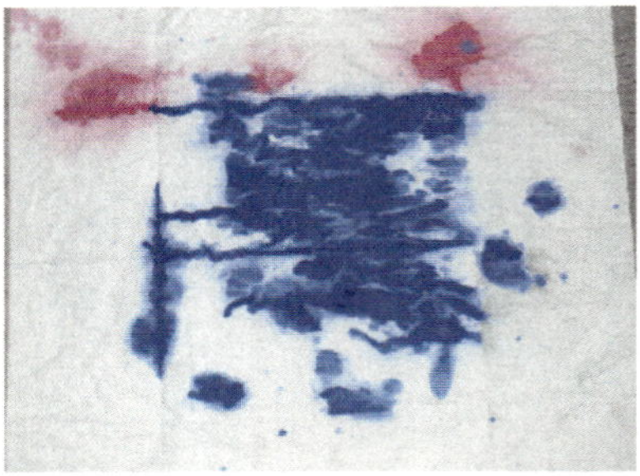

Förderung der Feinmotorik für das Schreiben durch das Pipettenspiel, bei dem die Farben auf der Serviette zerfließen.

„Wenn wir Abläufe lernen wollen, wird es durch wiederholtes Ausführen ein und desselben Ablaufs immer besser möglich. Ingendahl bezeichnet Lernen als Veränderungen in der Effektivität von Synapsen und definiert Gedächtnis als „das Anhalten dieser Veränderung über die Zeit. Nervenwachstum geschieht einerseits durch das biologische Wachstum, andererseits durch Erfahrungen, die in aktiver Auseinandersetzung mit der Umwelt gemacht werden.“ (Hollerer/Seel 2005, S.27)

„Naturbegegnungen können zum Anlass einer intensiven Beschäftigung mit der belebten und unbelebten Umwelt werden. Methoden für wissenschaftliches Denken und Handeln werden durch Experimente erprobt. Kinder entdecken dabei Zusammenhänge, erstellen Hypothese, treffen Voraussagen und planen Neues. Sie beschaffen sich gezielt Information, bilden Theorien und verändern diese aufgrund von Erfahrungen. Kinder verfügen von Geburt an über leistungsfähige Lernmechanismen, mit deren Hilfe sie ihr Wissen vevidieren und umstrukturieren können. Die Auseinandersetzung mit Natur und Umwelt fördert die Einsicht in ökologische Zusammenhänge und ermöglicht die Entwicklung eines verantwortungsvollen Umgangs mit den Ressourcen der Natur.“ (BildungsRahmenPlan 2009)

Frühe Physikdidaktik geht nicht von theoretischen Erklärungen aus, sondern von besonderen Phänomenen, die beim Tun beobachtet werden. Dazu werden Fragen gestellt und Antworten gegeben. Während wir versuchen, dem Kind Zusammenhänge der Welt einfach zu erklären, versuchen Kinder im aktiven Tun Zusammenhänge zu verstehen und sich so in der Welt zu orientieren.

FAMILIE UND FREUNDE (individuell-innen, 4.Quadrant)

Wir besuchen Christine in der Apotheke. Sie erzählt über Wirkstoffe in Tees, Medikamenten und Bestandteile einer Salbe. Für den kommenden Muttertag mischen die Kinder Teekräuter und machen eine Salbe. Später besprechen wir im Morgenkreis den Ausflug.

Das Zuhause und die Gruppe werden durch Elternbesuche verbunden. Sichere Bindung ist die Voraussetzung für das Ermöglichen von Lernprozessen (Reicher 2005)

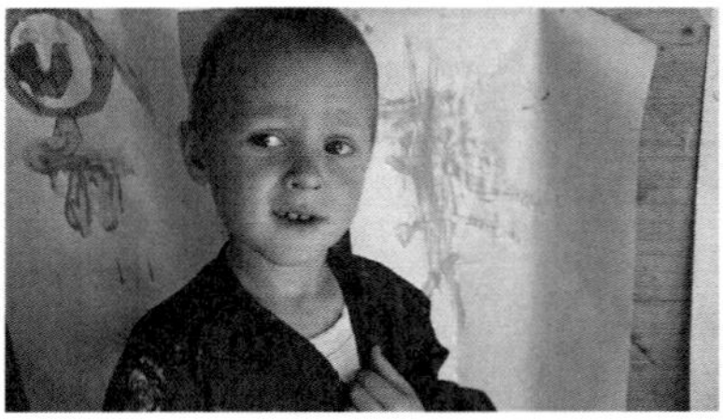

Das Gehirn ist von klein auf damit beschäftigt, ein Gesamtbild als Repräsentation der Umwelt zu erstellen. Kreativität hat mit „Wohlsein" zu tun und kommt in flexiblen bzw. divergenten Denkprozessen zum Ausdruck, die alternative Lösungsmöglichkeiten zulassen und zu schöpferischen Prozessen und Werken führen. Voraussetzungen dafür sind: Problemsensitivität, Offenheit und Felxibilität. Beim kreativen Gestalten stellen Kinder ihre Sicht der Wirklichkeit und ihr

Verhältnis zur Welt dar, setzen sich mit eigenen Fragen, Gedanken sowie Gefühlen auseinander und stellen Beziehungen zwischen der inneren und äußern Welt her. Mit vier Jahren steht die Entwicklung des Neuhirns an. Es kommt zur Entwicklung der Intuition.

Am Kochtag wird gerührt, geknetet, gemixt, Kräuter gehackt. Gemeinsam kochen macht Spaß und das Essen schmeckt besonders gut, wenn alle mitgeholfen haben.

Bei diesem Elternbesuch erzählt uns Georg vom Leben in Afrika, wo er einige Jahre ein Entwicklungshilfeprojekt leitete. „Elementare Bildungseinrichtungen bieten Kindern die Chance, vielfältige Beziehungen zu anderen Kindern und Erwachsenen aufzubauen, Freundschaften zu schließen sowie unterschiedliche Rollen zu erproben und gestalten. Stabile und ischere Beziehungen vermitteln Kindern Geborgenheit, tragen wesentlich zum kindlichen Wohlbefinden bei und fördern das Vertrauen in sich selbst und die Umwelt. Emotionale Sicherheit zählt zu den zentralen Lernvoraussetzungen, welche die Stabilisierung komplexer neuneuronaler Verschaltungsmuster im Gehirn begünstigen." (BildungsRahmenPlan 2009)

Mittwoch ist unser Waldtag, an dem wir bei fast jeder Witterung das Umfeld erkunden.

Kinder lernen dadurch, dass sie das, was sie erfahren und was es in der Welt zu entdecken gibt, in Beziehung setzen. Jede neue Wahrnehmung und Erfahrung müssen Kinder an etwas anknüpfen, was sie schon wissen und können, was ihnen also vertraut ist.

GRUPPE (kollektiv außen-4. Quadrant)

Alle Themen und Lieder, Experimente und Ausflüge können hier nachgelesen werden. Beim Eltern-Kind-Gespräch wird sichtbar, welche Themen das Kind gut verstanden hat, welche ihm wichtig waren, zu welchen Themen das Kind keinen Zugang fand.
„Strukturelle Bedingungen üben einen bedeutenden Einfluss auf die Qualität pädagogischer Prozesse aus. Sie werden daher so gestaltet, dass die individuelle Entwicklung und Bildung von Kindern bestmöglich unterstützt werden kann."
(BildungsRahmenPlan 2009)

7. Integrale Themenbearbeitung

7.1 Thema Wohnen

Themenaufbereitung

Indivuell-innen: wohnen ist für mich Raum, ein Umfeld, in dem Entwicklung ebenso wie Entspannung, Spiel, Ruhe, Ordnung, Schutz und Offenheit möglich sind.
Veränderung und Konstanz bilden Pole, in denen ich sein möchte. Wohnen hat mit Vertrautheit zu tun, in der immer wieder Impulse Platz finden, und so Neues entsteht. Wohnen hat mit Wärme und mit Nähren und Genährtwerden zu tun, mit Körperlichkeit und Tätigkeit....
Indivudell außen: Grundbedürfnisse im Wohnen erkennen und erfüllen: Wärme, Wasser, Strom, Einrichtungsgegenstände benennen, Möbel benenen.
Kollektiv innen: Wie wohnen Menschen, mit wem fühlen wir uns wohl, mit wem wollen wir gemeinsam wohnen?
Kollektiv außen: Grundrisse Wohnung

Umsetzung des Themas Wohnen in der Gruppe

Individuell innen: Wir machen eine Phantasiereise, die uns zu unserer Wohnung führt. Wo ist euer liebster Platz. Wie fühlt sich das an - was möchtet ihr zu eurem liebsten Platz holen?
Im Morgenkreis:
Wo fühlt ihr euch wohl – wo würdet ihr gerne wohnen?
Nora: „In großen Zimmern mit Schmetterlings-Marzipan-Lampen, die mit Draht aufgehängt sind."
Helmut: „In einer Ritterburg mit „1000 Meter-Zimmern"."

Andreas: „In einem Schmetterlingshaus aus Ziegeln mit Blumenlampen."
Individuell außen: Was soll in euer Wohnung sein?
Manfred: „Eine Küche hamma schon, für mich oben soll ein selbstgemachtes Zimmer sein."
Und was soll drinnen sein?
„Viele Sachen, ein Holznachtkasterl bauen und anmalen!"
Manuel: „Ein Kessel soll im Haus sein!"
Nora: „Ein Kessel ist ein runder, aufgehängter Topf über dem Feuer."
Manuel: „Nein ein Kasten soll im Haus sein. Und Spinnen, das sind gute Tiere – die helfen auch, eine Leseecke, Spielzeug – Autos, ich kann unter meinem Bett eine Höhle machen."
Manfred zeichnet für alle Hauspläne – sie spielen Büro, in dem es einen Fragesessel gibt, auf den man sich setzen muss, um alle Fragen von ihnen – den Büroangestellten – beantwortet zu bekommen und dadurch klug zu werden.
Kollektiv innen: Mit wem wollt ihr gerne wohnen?
Franziska: „Mit Jonas und Elisabeth."
Elisabeth: „Mit der ganzen Familie."
Andreas: „Mit Katharina und ihrem Bruder!"
Helmut: „Mit Manfred und meiner Familie
Anne: „Mit Lena und Nora und Familie."
Wie Menschen wohnen: Indianer, Eskimos, wie die Menschen früher wohnten.
Kollektiv außen: Wir zeichnen unsere Wohnung mit allen Zimmern und erzählen, was wir darin machen.
Querverbindung: Bauen, Tiere im Winter, Schutzkugel…
Abschluss des Themas Wohnen ist ein Fest:
Wir bemalen unser selbst saniertes Spielhaus und machen ein Fest mit Würstel und Sauerkraut.

7.2 Die Buntlinge

Im Herbst waren einige neue Kinder in der Gruppe und wir hatten beobachtet, dass die Integration in die Gruppe nicht einfach war. So überlegten wir uns ein Thema, das den Gruppenzusammenhalt förderte und im Rahmen der

musikalischen Früherziehung probten wir ein kleines Theaterstück mit dem Titel: „Die Buntlinge“.
Jede Farbe bekam Eigenschaften (angelehnt an Cowan/Becks Spirale): die Blaulinge waren ordentlich, die Rotlinge stürmisch, die Grünlinge waren viel in der Natur, die Gelblinge waren Denker. Die Kinder konnten sich selbst die Farbe aussuchen, die sie beim Stück spielen wollten. Die Kinder hatten eindeutige Vorlieben für bestimmte Farben, konnten während der Probezeit aber auch in andere Rollen schlüpfen, was aber selten geschah.

Zwei Weißlinge sind zu sehen – sie spielen Fangen, dann setzen sie sich zu Boden und überlegen.
Wir Weißlinge sind einsam –
sind wir allein in der Welt?
Wir suchen andere Farben –
weil uns das Bunte fehlt.
Die Weißlinge kommen zu den Blaulingen:
„Wer seid denn ihr?“
Blaulinge: „Wir sind die Blaulinge!“
Lied: „Seht her, die Blaulinge kommen,
Blaulinge kommen, Blaulinge kommen.
Seht her die Blaulinge, kommen,
die Blaulinge sind jetzt da.“
Blaulinge: „Wir Blaulinge sind achtsam,
wir mögen keinen Lärm,
wir lieben unsere Ordnung
und hören Geschichten gern.“
Weißlinge: „Gibt's keine anderen Farben?“
Blaulinge: „Doch die Rotlinge, aber die sind uns zu wild.“
Weißlinge: „Wir wollen sie trotzdem besuchen. Kommt ihr mit?“
Sie gehen gemeinsam zu den Rotlingen.
Weißlinge: „Wer seid denn ihr?“
Rotlinge: „Wir sind die Rotlinge!“
Lied: „ Seht her die Rotlinge kommen,
Rotlinge kommen, Rotlinge kommen,
seht her, die Rotlinge kommen,
die Rotlinge sind jetzt da! “

Rotlinge: „Wir Rotlinge sind stürmisch, wir laufen und wir schreien, wir Rotlinge sind lustig, wollen immer zusammen sein."
Weißlinge: „Gibt's keine anderen Farben?"
Rotlinge: „Doch die Grünlinge, aber die bauen immer Fallen, mit denen spielen wir nicht!"
Weißlinge: „Wir werden sie trotzdem besuchen, kommt ihr mit?"
Sie gehen gemeinsam zu den Grünlingen.
Weißlinge: „ Wer seid denn ihr?"
Grünlinge: „ Wir sind die Grünlinge!"
Lied: " Seht her die Grünlinge kommen,
Grünlinge kommen, Grünlinge kommen,
seht her die Grünlinge kommen,
die Grünlinge sind jetzt da!"
Grünlinge: „Wir Grünlinge sind Freunde, wir lieben Wald und Feld, wir bauen gerne Fallen und tun, was uns gefällt."
Weißlinge: „Gibt's keine anderen Farben?"
Grünlinge: „Doch die Gelblinge, aber die spielen immer allein."
Weißlinge: „Wir wollen sie trotzdem besuchen! Kommt ihr mit?"
Alle gehen gemeinsam zu den Gelblingen.
Weißlinge: „Wer seid denn ihr?"
Gelblinge: „Wir sind die Gelblinge!"
Lied: Seht her, die Gelblinge kommen,
Gelblinge kommen, Gelblinge kommen,
seht her, die Gelblinge kommen,
die Gelblinge sind jetzt da.
Gelblinge: „Wir Gelblinge sind Denker, wir spielen gern allein, wir stellen viele Fragen, denn wir wollen klüger sein."
Weißlinge: Weißlinge, Blaulinge, Rotlinge, Grünlinge, Gelblinge – gemeinsam sind wir ja Buntlinge.
Buntlinge: „Wir Buntlinge gemeinsam, wir feiern heute Nacht. Wir tanzen bis es bis wir müde sind – und morgen wird weitergemacht."
Lied: Eins, zwei, drei im Sauseschritt, tanzen alle Buntlinge mit, die Weißlinge sind jetzt an der Reih und sausen an uns vorbei. Bücken, strecken rundum drehn, dreimal klatschen, stampfen stehn.

Eins, zwei, drei im Sauseschritt, tanzen alle Buntlinge mit, die Blaulinge sind jetzt an der Reih und sausen an uns vorbei....

7.3 Gefühle – Das Herzensschloss

Lena saß mit hängendem Kopf im Morgenkreis – sie war traurig. „Bei einem traurigen Herzen kann man sterben!“, meinte sie. Ich fragte nach dem Grund ihrer Traurigkeit: „Mein Herz schlägt langsamer, weil die Ksenija nicht da ist.” „Bist du so traurig?“ Sie nickte. Noch während der Jause ließ sie den Kopf hängen.

Ich machte einen Vorschlag: „Du könntest für sie ein Bild zeichnen!“ „Nein, das will ich aber nicht.“ „Vielleicht fällt dir etwas ein, was du ihr schenken könntest.“ „Nein, erst wenn sie wieder da ist, bin ich nicht mehr traurig.“

Ich konnte sie gut verstehen. Das sagte ich ihr und blieb noch neben ihr sitzen.

So aufrichtig kleine Kinder sind, so schwer fällt es ihnen manchmal verschiedenartige Ausdrucksmöglichkeiten für Gefühle zu finden.

Wie kann man mit ihnen über alle Gefühle sprechen? Ich recherchierte und fand ein Projekt in Deutschland, das mir Mut machte: Im Projekt Papilio (Papilio 2010), das sich an die Altersgruppe der 3-6-Jährigen wendet, geht es um das Erkennen von Gefühlen bei sich und anderen, Einfühlungsvermögen, die Regulierung des eigenen Verhaltens, das Zugehörigkeitsgefühl zu einer Gruppe und soziale Interaktionen. Werden Kinder dabei unterstützt, ist damit ein Schritt in Richtung Stärkung und Aufbau von Schutzfunktionen beim einzelnen Kind gemacht. Positives Selbstwertgefühl, positive Selbstwirksamkeitserwartungen und ein positives Sozialverhalten bilden Resilienzfaktoren in der kindlichen Entwicklung (Papilio 2010.).

Über Dinge sprechen, die man nicht sehen kann, die aber so wichtig für uns sind – wie kann ich jedes Kind erreichen?

Im Buch „Auf der Suche nach den Regenbogentränen“ von Jorgos Canacakis (1994) – für Kinder ab 8 Jahren – handelt ein Märchen vom Herzensschloss: In jedem Menschen gibt es ein

Herzensschloss mit vielen Zimmern. In jedem dieser Zimmer ist ein Gefühl. Die Kinder im Buch öffnen Tür für Tür und finden dort eigene erlebte Geschichten.
Dieses Herzensschloss ist unser Thema im Dezember. Jedes Kind in unserer Gruppe bekommt ein Buch, auf dem vorne ein Schloss ist und in dem Geschichten und leere Blätter sind. Im Laufe der Wochen vor Weihnachten begleitet uns das Tränchen (ein Stofftier – „Trauerviech“ für Kinder von Jorgos Canacakis 1994) in das Schloss. In der Hand hält das Tränchen Klangkugeln, mit welchen man jederzeit die Zimmertür schließen kann.
Das erste Zimmer ist das Freudezimmer. Dazu erzählt das Tränchen eine Geschichte, dann können die Kinder ihre eigene Freudenzimmergeschichte erzählen oder malen. In Andreas Freudenzimmer ist die Straße nach Herberstein – das ist der Tierpark, den er im Sommer mit seinem Papa besuchte – Jonas malt ein Zimmer, in dem Mama ist und ihm Süßigkeiten schenkt, Elisabeth malt eine Schneehöhle, Johannes malt eine Urlaubsreise. Lena sitzt da – „Mein Traurigkeitszimmer ist offen, ich kann mich nicht freuen.“ Katharina meint: „Im Freudezimmer möchte ich tanzen!“.
Ich lege Musik auf, die Kinder tanzen begeistert, auch Lena tanzt mit. Da bleibt Nora neben Lena. stehen: „Ist das Traurigkeitszimmer jetzt zu?“ Lena hält inne, dann meint sie begeistert “Ja, die Tür ist zu!“ und freut sich sichtlich beim weiteren Tanzen. Sie malt ihr Bild – einen hellen Raum mit Schrankbett und Glitzerherzen.
Wir öffnen das Traurigkeitszimmer. In Geralds Zimmer ist ein trauriges Kind, das sich verlaufen hat, in Katharinas Zimmer sind 3 Mädchen, die nicht das gleiche haben, Helmut meint er habe kein Traurigkeitszimmer, nur ein Zimmer, in dem er sich „wild aufführt“, Evelyn „haut“ im Traurigkeitszimmer Mama.
Im Glückszimmer hat Manfred ein Hochbett und Streiche, Manuel hat Liebe, Glückssterne und Streiche spielen drinnen, Jonas hat ein Räuberzimmer, in dem er mit seinen Freunden Räuber spielt. Evelyn hat nichts im Glückszimmer.
Wenige Tage später öffnen wir das Wutzimmer, vorher hören wir eine Geschichte über einen König, der oft sehr wütend ist. Elisabeth meint: „Wohin geht die Wut, wenn wir sie rauslassen, vielleicht in den Himmel?“
Manfred:“ „Dann hat sie der liebe Gott!“

Manuel:“ Dann kommt der Blitz und der Donner!“
Im „Lieb-hab-Zimmer“, das wir kurz vor Weihnachten öffnen, sind oft Mama, Papa und die Geschwister, Katharina malt sich selbst dazu ins Liebhabzimmer: „Ich zeichne mich zuerst hinein, weil ich mich selbst ja lieb hab.“ Die Kinder haben keinerlei Schwierigkeiten, die Gefühle, die das Tränchen erlebt, nachzuvollziehen und Erlebnisse dazu zu finden. Bei manchen Kindern bleiben allerdings Türen zu, auch wenn sie aufmerksam die Erzählungen der anderen verfolgen.
Evelyn meint, in vielen ihrer Zimmer seien Monster.
Viele Kinder zeigen ihre Schlösser voller Stolz ihren Eltern und erzählen dazu die Geschichten. Andreas war lange krank, nach den Weihnachtsferien setze ich mich mit ihm zum Buch. Wir besuchen die Zimmer. Er malt in jedes Zimmer eine Geschichte, die er genau dokumentiert – immer muss ich seinen Namen dazu schreiben. In der Gruppe beobachte ich schon lange, wie gut er Gefühle wahrnimmt und wie sensibel er darauf reagiert. Zum Liebhabzimmer meint er: „Wenn mich jemand lieb hat, bin ich ganz fröhlich!“ Die Klangkugeln zum Schließen der Tür werden von keinem Kind gebraucht, das Tränchen aber wird immer wieder geholt und gedrückt.

7.4 Beobachtungsbögen für die Portfolios (nach Krok 2007 und Hollerer 2005)

1. Quadrant – Kinderinterview

Das mag ich:

Name:

Essen:

Lesen:

Spiele:

Ich schlafe abends so ein:

Ich werde getröstet durch:

Ich mag nicht:

Sonstiges:

Was denkst du über:

Name:

morgens zur Gruppe kommen:

Freunde:

Spiele in der Gruppe:

Morgenkreis:

Waldtag:

Gruppenregeln:

Malen:

Wann fühlst du dich gut?

Wann bist du traurig?

2. Quadrant – Beobachtungsbögen

Spielbeobachtungen:

Name:

Bereich	freies Spiel	mit Erwachsenen	allein
wortklug:			
logikklug:			
musikklug:			
bilderklug:			
körperklug:			
naturklug:			
selbstklug:			
menschenklug:			

Lernstrategien:

Name:

lernt von anderen Kindern:

lernt von Erwachsenen:

lernt durch praktische Erfahrung:

lernt durch theoretische Erfahrung:

lernt durch alleiniges Spiel:

lernt in kleinen Gruppen:

andere Strategien:

Was ich kann:

Name:

Feinmotorik:

Grobmotorik:

Körperschema- bilaterale Koordination:

Praxis: Handlungsplanung.

taktil: taktile Differenzierung:

visuell: visuelle Differenzierung:

auditiv: auditive Differenzierung
auditive Gliederung

Sprache: Artikulation, Wortschatz, Grammatik, Erzählen von Erlebtem:

Emotionen: Differenzierung von Grundemotionen:

Sozialverhalten: Kontaktbereitschaft, Kontaktfähigkeit:

Lern- und Arbeitsverhalten:

Interesse an Neuem:

Anstrengungsbereitschaft

Konzentration:

Selbständigkeit:

Kognitive Fähigkeiten:

persönl. und familiäre Orientierung:

zeitliche, örtliche und situative Orientierung:

Gedächtnis:

schlussfolgerndes Denken:

problemlösendes Denken:

Was ich mache:

Name:

drinnen: Kommentar:

draußen: Kommentar:

8. Tagebuch März bis November

5.3 Bernhard meint im Morgenkreis, er wolle etwas Blödes anstellen, etwas, was man nicht mehr gutmachen könne. Jonas erklärt, er würde gerne am Nachmittag Elisabeth besuchen. Helmut sagt, er würde gerne „Häuser aufbauen". Nora (3 Jahre) meint, es gehe ihr gut (1. Quadrant) – sie hat sich nun nach einigen Monaten sehr gut in die Gruppe eingelebt (3. Quadrant). Sie war zu Jahresbeginn sehr schüchtern gewesen und hatte so leise gesprochen, dass man sie kaum verstehen konnte. Elisabeth, die sonst wenig im Morgenkreis erzählt, berichtet begeistert, dass sie gestern damit begonnen habe, zuhause eine Ritterburg zu bauen. (Wir waren gestern zur Burgruine Gösting gewandert). Nun wollen alle Kinder eine Ritterburg basteln, und Sebastian hat die Idee, für jedes der Kinder eine eigene Burg zu bauen. Ich bringe leere Schachteln und Rollen, und die Kinder beginnen nach der Jause sofort mit der Arbeit. Sie sind sehr vertieft und bemühen sich, ihre Ideen zu verwirklichen. Sie arbeiten mehr als eine Stunde intensiv an ihren Burgen. Jonas baut eine Burg mit einem sehr hohen Turm, und wir verbrauchen viel Klebeband, um ihn zu befestigen.

Individuell außen: Ich lege aus Kaplasteinen Figuren, und die Vorschulkinder legen sie nach. Sie haben damit keine Probleme und legen selbst räumlich komplizierte Figuren richtig nach. Franziska und Manuel (4 Jahre) versuchen es ebenfalls, ihnen bereitet es Mühe.

6.3.

Der Weltfrauentag wird zum Thema beim Morgenkreis. Jonas sagt, seine Mama arbeite nicht, da sie zuhause sei. Wir sprechen darüber, dass auch Hausarbeit Arbeit ist, und welche Berufe die Eltern ausüben. Einige Kinder kennen den Beruf der Mutter nicht.

Kochtag/ Muffins. Mit einer unglaublichen Ausdauer wird Schokolade geschnitten. Bernhard wiegt alle Zutaten sehr genau ab, die Kinder konzentrieren sich beim Kochen. Mixen: Elisabeth, Jonas, Manfred und Franziska. Es herrscht eine gute Stimmung in der Gruppe, alle arbeiten, nur Peter (2 Jahre) sieht zu und sucht sich Spiele aus dem Regal.

Während die Muffins gebacken werden, lese ich einige Geschichten aus dem Buch „Der Räuber Hotzenplotz“ von Preußler (2005) und die Kinder sind fasziniert – vor allem die Kapitel mit dem bösen Zauberer bannen alle. Elisabeth stellt sich hinter mich und schaukelt mich beim Lesen.
Nach der Jause trommeln Elisabeth, Bernhard und Jonas in der Räuberhöhle. Dann hat Jonas die Idee, mit Stempelfarben das Stiegenhaus zu bemalen, und obwohl die Kinder wissen, dass sie mich fragen müssen, beginnen sie damit – ohne meine Zustimmung. Die anderen machen mit, und sie bemalen die ganze Wand. Ich bin verärgert, als ich es bemerke. Als Wiedergutmachung müssen sie die Stempelfarbe von der Wand waschen. Dabei sind sie ebenso ausdauernd wie beim Bemalen.
Wir bemalen mit Fingerfarben Karten zum Weltfrauentag. Im Garten setzen sich Bernhard und Jonas auf Sebastians Skateboard und fahren den Hang hinunter, was ihnen großen Spaß macht.
Peter (2 Jahre) schläft sitzend auf der Bank im Garten ein. Er ist der jüngste von drei Brüdern und seit einigen Tagen in der Gruppe. Er ist ein ausgeglichenes Kind, das mit den anderen spielt. Es ist schön, diese Freude in seinen Augen, die immer strahlen und lachen, zu sehen. Ab und zu summt er versunken vor sich hin und sieht den anderen zu.
Anne wird von Elisabeth in den Bauch geboxt – Anne sagt es mir und ich spreche mit Elisabeth über den Vorfall. Schließlich entschuldigt sich Elisabeth bei Anne.
Heute blieb keine Zeit für die phonetischen Spiele (Küspert/Schneider 2006).
Die Einteilung in die verschiedenen Tage bewährt sich: Montag – Experimente, Dienstag – Malen, Mittwoch –Wald, Donnerstag – Kochen, Freitag – Musik. Die Kinder können sich gut orientieren.

4 Quadranten heute:

Individudell-innen: Zufriedenheit beim gemeinsamen Kochen und Miteinander Essen.

Individuell-außen: Backen von Muffins: Was gehört dazu? Abwiegen, Mischen, in Form geben.

Geschichte „Der Räuber Hotzenplotz“ von Preußler (2005) nacherzählen: Was passierte – was musste er machen, was war los? Kinder beantworten die Fragen.
Kollektiv-innen: Bemalen von Wänden mit Stempelfarbe: Sanktionen, Wand putzen, Deutlich machen, dass Grenzen überschritten wurden, Konflikt Anne – Elisabeth
Kollektiv-außen: Weltfrauentag, Vorbereitung von Farben und Karten, Vorbereitung Kuchen.

10.3.
Experiment:
Wir geben ein Ei in einen Behälter mit Süßwasser und eines in einen Behälter mit Salzwasser. Das Ei im Salzwasser schwimmt. Das Ei im Süßwasser taucht unter bis auf den Grund. Reime als Schulung der phonologischen Bewusstheit – jeder einzelne soll reimen, Nora fällt es sehr leicht, Katharina findet keine Reime, Helmut und Manuel sind sicher.
Spiral Dynamics: die Klarheit der Strukturen und die Sicherheit in der Gruppe in der magischen Stufe. Morgens spiele ich mit den Schulkindern ein Additionsspiel nach Montessori. Erst wirken sie gelangweilt, dann aber sind sie begeistert dabei. Beim Schreiben von Zahlen fällt eine feinmotorische Unsicherheit bei Bernhard auf.

11.3.
Im Morgenkreis.
Wir hören einander zu – ich bemerke das Bedürfnis von Manuel viel zu reden während Anne kaum etwas erzählt. Helmut hört mit seiner Erzählung auf, sobald ihm ein anderes Kind ins Wort fällt.
Johannes möchte für ein Mädchen etwas basteln, Lena für sich selbst. Sie ist nach dem Urlaub gut bei sich, spielt und bastelt viel und konzentriert. Die Räubergruppe liebt es draußen zu sein, kommt aber sofort in den Gruppenraum, wenn Sebastian Geschichten vorliest.
Manfred ist zufrieden (seit März in der Gruppe, 3 Jahre), fordert selten etwas. Er wirkt etwas verträumt und spielt meist allein.
Anruf bei Frau Hollerer. Sie empfiehlt mir ein Buch für die Arbeit mit Kindern: „Schultütenkinder“ (Hollerer/Seel 2005). Integrales Thema für den ersten Quadranten; Schaffung

positiver emotionaler Zugänge im Tun, Verstehen durch erlebte Themen. Ich nehme mir vor, die Entwicklungsstufen nach Erikson (1973) nachzulesen.

12.3.
Rintschen besucht uns. Sie ist eine Frau aus Ladakh und erzählt vom Leben in ihrer Heimat, von den Kindern, die dort den ganzen Vormittag miteinander spielen, von der Landwirtschaft und Selbstversorgung (vom Kleiderweben bis zu den Nahrungsmitteln). Die Präsenz der buddhistischen Mönche als geistige Instanz ist ihren Erzählungen nach stark. Rintschen selbst geht jeden Tag ins Kloster.
Im Morgenkreis rede ich mit den Kindern über Ostern. Dabei bemerke ich, wie schwer es mir fällt die Leidensgeschichte Jesu zu erzählen. Rintschen kennt das Osterfest nicht.
Nachmittags im Buch von Willigis Jäger (2008): Das Osterfest ist für ihn Zeichen für das Werden und Vergehen.
Dort finde ich auch Gedanken über Leid und das Festhaltenwollen des Schönen. Jesus, der zu Petrus sagt: „Ich werde vieles leiden, aber ich werde auferstehen!“. Wir haben vieles zu leiden, aber wir werden auferstehen. Leid ist der größte Meister des Lebens. Die Freude trotzt dem Leid, wenn wir loslassen können.
Nach dem Winter sind die Kinder sehr glücklich über die Sandkiste. Katharina, Nora und Anne spielen meist getrennt von den anderen, und ich weiß nicht, ob sie sich nicht in die Sandkiste trauen oder ob sie lieber allein miteinander spielen.

13.3.
Kochtag.
Faszination Nudelmaschine – fast 2 Stunden arbeiten wir am Nudelteig. Wir rühren, kneten, ziehen den Teig durch die Rollen – es verliert nichts an Faszination, jeder möchte mitmachen und seine eigenen Nudeln herstellen. Wie schön danach das gemeinsame Essen ist, ein richtiger Schmaus, wir sitzen alle zufrieden zusammen am Tisch.
Es gibt keinen Morgenkreis, worüber sich die Drachengruppe freut. Ich lese aus dem Buch „Bruder der Bären“ von Käthe Recheis (2001), was die Drachengruppe noch mehr freut.
Nachmittags lese ich wieder im Buch von Pearce (1994) „Der nächste Schritt der Menschheit“, worin die Wichtigkeit des

Geschichtenerzählens und des Spielens kleiner Kinder beschrieben wird.

14.3.
Manfred will nicht bleiben, er beruhigt sich aber später. Seine Mama ruft an, um zu erfahren, ob er sich beruhigt habe.
Katharina ändert oft spontan ihre Pläne weswegen Nora gekränkt ist, denn Nora durchbricht keine der getroffenen Vereinbarungen.
Jonas möchte mit den beiden mitspielen – er zeigt freitags (wenn einige seiner Freunde nicht da sind) ein anderes Verhalten. Im Morgenkreis bemerke ich, wie viele Lieder die Kinder schon kennen. Manfred ist aktiv, kann aber sprachlich nicht gut argumentieren, seine Handlungen sind oft unerwartet.
- Förderungen! Muss beim Magistrat ansuchen.
- Projekt Wasser ausarbeiten, damit ich nach Ostern damit anfangen kann.
- Soll Anna schon im Sommersemester in die Gruppe?
- Termine Elterngespräche vereinbaren
- Vor den Osterferien den Schrank ordnen – es hat sich schon wieder so viel angesammelt
- die Blätter für die Kinder ausdrucken

31.3.
Mit Holzpuppen Familie stellen: Helmut stellt alle in eine Reihe – Großeltern, Eltern, Kinder und Onkel und Tante. Er nimmt den Vorschlag an, die Großeltern in einer hinteren Reihe aufzustellen, aber Tante und Onkel sollen neben den Kindern stehen.
Nora: Die Großeltern stehen vor der Mutter, sie selbst zwischen den Eltern. Sie lacht erleichtert auf, als ich die Großeltern hinter sie stelle und sie selbst vor den Eltern steht.

1.4.
Wir sind auf dem Spielplatz – immer wieder gibt es Aktionen, die beobachtet werden müssen (Steine werfen, Wasser durch die Rutsche schütten, Absperrbänder durchreißen) – als würde man einen Sack Flöhe hüten müssen. Gerald ist neu bei uns, er ist ausgeglichen und spielt meist allein.
Thema Wasser:

Ich schütte Wasser aus einem Krug von hoch oben, einige Tropfen fallen auf die Hände der Kinder.
„He, es spritzt!",
„Warum spritzt es?" Ich schütte es von weiter unten.
„Weil es hoch ist", sagt Lena.
Manche Kinder greifen spontan zum Wasserstrahl. Welche Geräusche kann man im Wasser machen? Wie greift es sich an? Wasser beschreiben (taktile Differenzierung, visuelle Differenzierung – was geschieht, wenn wir eine Kugel ins Wasser legen, auditive Differenzierung). „Seid alle leise: Wie hört sich der Wasserstrahl von hoch oben an, wie der von unten, Sprache – wie kann man das beschreiben?"
Sozialverhalten später in der Sandkiste: Alle gemeinsam bauen an einem Fluss und Stauseen im Sand – jeder bekommt ein Arbeitsgebiet.

Statt Geschichtenzeit gehen wir zum nahen Thalbach – alle stehen am Ufer und wir beobachten das Wasser. Da beginnt es zu heftig zu regnen, schließlich hagelt es auch, wir eilen hinauf zur Gruppe.
Dort malen wir ein gemeinsames Wasserbild. An diesem Tag wurde das Thema Wasser hautnah erfahren.

2.4.
Elisabeth erklärt morgens: „Ich bin immer die Chefin, der Helmut und der Bernhard und der Jonas sind meine Diener, wenn ich nicht da bin, ist der Jonas der Chef."
Sie hat ein Buch von Pippi Langstrumpf mitgebracht – sie könnte immerzu nur zuhören, ich lese zwei lange Kapitel vor, sie hat immer noch nicht genug.
Helmut sitzt ein wenig unzufrieden im Vorraum – mir scheint auch er wäre gerne der Chef, er aber meint: „Ich bin ja der Mitchef."
Beide gehen selten auf meine Vorschläge ein, da sie so sehr mit eigenen Spielen beschäftigt sind.
Ich war heute Nachmittag sehr müde – auch das Rolfing wirkt noch nach.

3.4.
I. Nehme mir bereits am Vortag vor, mit Andreas Kontakt aufzunehmen, bemerke beim Durchlesen der Aufzeichnungen

von Jänner, dass er immer noch oft Wünsche äußert, ohne sie weiter zu verfolgen. Heute will er erst ein Auto bauen, malt dann sich selbst im Thalbach. Beim Buchstabenspiel legt er selbst eine ganze Tafel ohne Hilfe und ordnet die Buchstaben wieder richtig ein.
Elisabeth nimmt mich gefangen in die Räuberhöhle, sie ist gelöst dabei und offen, ich fühle mich in ihrer Nähe wohl – drinnen in der Höhle, in die sie mich bringt, fühle ich mich geborgen.
Wasser. Wir steigen wieder in den Thalbach – dort liegt, infolge einer Überschwemmung, sehr viel Müll, die Kinder sehen auch eine tote Ratte. Eine Ente schwimmt im Wasser. Wir werfen Blätter ins Wasser, die davonschwimmen.
Später in der Gruppe malt Anne ein Bild von sich im Thalbach.
Offene Finanzierungsfragen – Bastelgeld aufbringen. Auch heute ein Treffen mit Eva zum Thema Wasser.

4.4.
Geburtstagsfeier Anne: Wir backen gemeinsam Torte, wie bei jedem Geburtstag. Es ist immer wieder faszinierend wie intensiv die Kinder beim Kochen helfen. Manfred, der gerade zur Tür herein kommt und in letzter Zeit beim Kommen weinte, riecht die Torte und ist schon beim Kochen dabei. Dann meint er: „Ich habe aber noch keine Torte bekommen." (weil er im März in die Gruppe kam und sein Geburtstag im Februar war).
Franziska ist selbständig. Gerald fühlt sich in der Gruppe wohl – er ist neu, war am Dienstag zum ersten Mal da. Er lacht manchmal herzhaft auf.
Heute fällt das Thema Wasser ins Wasser, da Annes Geburtstag gefeiert wird.

6.4.
Experimente:
Einen Schlauch mit Wasser füllen, ihn oben zuhalten und mit der zugehaltenen Seite in ein Gefäß halten, das wesentlich höher steht. Das Wasser im Schlauch fließt nach „oben". Mit einem Strohrohr ins Wasser blasen. Seifenlauge ins Wasser geben, damit ins Wasser blasen.
Elisabeth möchte am liebsten ungestört spielen, ihr wird der Morgenkreis zu lang.

Im Morgenkreis meint sie: „In der Spielgruppe sind zwei Gruppen."
Ich: „Auch Wasser besteht aus zwei Elementen!"
Frage Manuel: „Aus welchen?"
Ich : „Aus Sauerstoff und Wasserstoff"
Bernhard: „Sauerstoff ist die Luft!"
Ich : „Ja- Sauerstoff, ist in der Luft."
Wir sprechen im Morgenkreis vom Leben früher – das Lied „Wenn alle Brünnlein fließen" ist dazu der Anlass. Woher holten die Menschen das Wasser, was ist ein Brunnen, wofür brauchen wir im Haushalt Wasser?
Bernhard hält den Pinsel beim Malen leicht und motorisch unsicher. Er meidet feinmotorische Tätigkeiten und macht sich viele Gedanken über Abläufe und Vorgänge. Am liebsten plant er in der Sandkiste und bespricht seine Pläne mit den anderen.
Ich habe die Idee, mit ihm Plastilin zu formen, da er feinmotorisch recht unsicher ist – Sebastian meint, wir könnten mit ihm ein Plastilinvideo machen.
Helmut ist oft verschlossen – er sagt bei Vorschlägen, die von mir kommen, „Nein" (damit er den anderen Kindern imponiert?). Manuel wird offener.
Andreas legt wieder ein Blatt mit Wörtern vom Buchstabenspiel und ordnet die Worte richtig ein. Helmut und Bernhard spielen zwar auch, aber immer ist Widerstand dabei. Ich muss sie manchmal überzeugen. Bernhard lacht laut, wenn er merkt, dass etwas schiefgeht oder wenn etwas nicht gelingt.
Geschichtenzeit: zwei Geschichten aus dem koreanischen Märchenbuch „Der Holzknecht und die Fee" und „Die steinerne Statue des Vaters".

7.4.
Ich genieße einen Spaziergang durch den Wald und habe plötzlich viel Elan für meine Arbeit in der Gruppe.
Gestern war Gruppensupervision, an der ich immer sehr gerne teilnehme, da TeilnehmerInnen aus vielen Sozialbereichen Themen und Anliegen vorbringen und mich die Arbeit von Guni Leila-Baxa und Christine Blumenstein-Essen vom Institut für Systemische Praxis, Aufstellungs- und Rekonstruktionsarbeit (APSYS) begeistert. Gestern bei Tribeka das Bewusstsein, dass ich vieles übersehe, überlese, nicht wirklich berühre, um davon verändert zu werden.

8.4.
Manfred möchte, dass seine Mama noch ein wenig in der Gruppe bleibt. Gerald, der erst sehr kurz in der Gruppe ist, bleibt ohne Probleme. Wir gehen in den Wald, dort ist vom starken Sturm noch alles verwüstet. Mir ist wichtig, dass die Kinder den veränderten Wald sehen, und ich bin gespannt, was sie davon halten. Sie reagieren ohne Überraschung gleichmütig, als wäre das frühere Bild vom Wald nicht mehr da – nun ist es eben so.
Im Morgenkreis: Wir schütten Wasser aus einem Krug in einen anderen – es ist eine Stilleübung nach Montessori, keiner soll dazu etwas sagen.
Ich stelle die Krüge nach dem Morgenkreis als Spiel ins Regal. Diese Übung geht mit Stillsein einher und nach anfänglicher Unruhe genießen die Kinder diese Stille -– sie ist etwas Besonderes im Gruppenalltag.
Ein Tropfen Wasser fällt auf den grünen Kreis des Teppichs, er perlt ab, und läuft entlang ohne einzusickern. Elisabeth entdeckt das staunend, sie hebt den Morgenkreis und wir beobachten alle den Tropfen, der nicht versickert. Dann hole ich ein Kapuzinerkresseblatt und wir beobachten auch dort den Wassertropfen.
Jonas ist viel ruhiger, nur wenn ich ihn zu etwas auffordere, blockiert er manchmal kurz. Mir scheint als ginge es ihm einfach darum, zu zeigen, dass er „Nein“ sagen kann.
Johannes ist nach dem Waldtag müde, beim Abholen läuft er von der Brücke weg zurück zu mir, plötzlich steht er wieder vor mir – ich gebe ihm einen Apfel mit auf die Reise und er läuft wieder zu seiner Mama.
Ich mag die Kinder der Gruppe sehr gerne, freue mich an deren Ideen, Spielen und Gesten und genieße die tägliche Nähe zu ihnen.
Lautschulung – Sätze beenden, Katharina fällt es nicht immer sehr leicht, Elisabeth mag die Übung so wie auch Helmut, Jonas hört eher zu.

9.4.
Wir malen mit Pipetten auf Papier, lassen bunte Tropfen vom Papier runterlaufen, im Morgenkreis wieder das Lied „Wenn alle Brünnlein fließen.“

Lese das Buch „Bobby mach`s nicht!", das mir eine Mutter mitgebracht hat. Es ist eine Broschüre der deutschen Polizei, um Kinder auf Gruppendynamiken aufmerksam zu machen. Die Kinder sind sehr fasziniert, denn es geht dabei um Gruppenzugehörigkeit und den Preis, den einer dafür zu zahlen bereit ist. Die Kinder können verstehen, dass ein Kind stiehlt, um mit den anderen spielen zu dürfen.

10.4.
Faszination Kochen: Nora und Katharina sind ausdauernd beim Nüssereiben, Johannes hilft beim Teigkneten, Jonas sticht aus, auch Anne ist geschickt.
Andreas sieht an mir hoch und meint: „Deine Haare gehören geschnitten." (Ich habe heute einen Friseurtermin).
Im Morgenkreis thematisiert Elisabeth, dass sie nicht mag, wenn Katharina wegen jeder Kleinigkeit bei mir petzt. Wir sprechen darüber, wie man sich verhalten könnte. Elisabeth will gar keine Information Erwachsener, Nora schlägt vor zu differenzieren, zuerst mit dem Kind zu reden, dann aber, wenn das Kind nicht hört, Erwachsene dazu zu holen. Sie erzählt von einem Vorfall, bei dem Regeln nicht eingehalten wurden, weil die Polizei nicht eingriff.
Wir singen das Lied „Sen mas gongen zum Petersbründele".
Die Kinder, die nicht gerne beim Singen mitmachen, motiviere ich, indem ich sage, dass es heute um die Wurst geht (Lächeln der Kinder – wir braten Käsekrainer).
Ich merke, dass sie unsicher sind bei Abfolge von Rhythmus und Klatschen – Feinmotorik beim Lied „Petersbründele".
Mittag – Spiele vom „Würzburger Trainingsprogramm „Die Matrosen nehmen mit" und „Der König sagt ein Wort" (Silben körperlich darstellen:).

11.4.
Wir machen eine Flaschenmusik – wir füllen Wasser in Flaschen und versuchen eine Tonleiter aufzubauen, dazu das Lied „Stieg ein Mann auf eine Leiter, immer höher immer weiter, wacklig war die Leiter und da stieg er lieber wieder runter."
Die Kinder sind fasziniert. Malen mit Wasserfarben für einen Fangfisch. Katharina und Nora spielen mit feinen Bügelperlen.

Ich habe vorige Woche für Bernhard und Elisabeth ein Bild gebügelt, nun wollen alle ein Bild.
Sebastian sägt mit der Stichsäge Holzspiele für einige Kinder, die ihm dabei fasziniert zusehen. Katharina und Nora beobachten eine Wasserspur auf dem Steinweg und beginnen die Spur zu verlängern, indem sie neues Wasser schütten.
Es ist ein wunderschöner Frühlingstag – wir wärmen uns im Garten.
Manfred wirkt immer ein wenig abwesend und von seinen Bewegungen her noch sehr tapsig. Mir scheint manchmal, er ist noch nicht ganz geschlüpft. Heute wird er von Jonas Mama gebracht, das gibt kein Problem, die vorigen Male bei Mama und Papa weinte er sehr heftig.

14.4.
Spreche mit Frau Bayer, die meint, ich solle wirklich im Hier und Jetzt bleiben und lernen für alles jeden Tag dankbar zu sein, meine Kinder, den Beruf. Der Druck, den ich spüre, ist nur aus mir selbst, alles was im Außen ist – ist ein Teil meiner selbst, als solches kann ich immer viel über mich erfahren und lernen. Je liebevoller ich mit mir selbst umgehe, umso liebevoller kann ich auch mit anderen sein.
Elisabeth und Bernhard machen ein Konzert – sie genießen es, Stars zu sein, sie halten den Rhythmus gut und beide organisieren alles selbst: stellen die Sessel zurecht, laden die Kinder ein, spielen die eingeübte Musik. Dann verbeugen sie sich wie in einem Konzert die Sänger.
Johannes will immer noch klein sein. Heute umarmt er mich ein paar Mal liebevoll. Manuel stört oft im Morgenkreis, weil er so viel zu erzählen hat. Katharina ist heute müde, Nora sieht lange beim Sand zu.
Experiment: Papierschiffchen basteln, im Wasser schwimmen lassen, dann Zeitungen in Wasser auflösen, Kleister dazu, Pappmache machen.
Peter verletzt sich (Johannes klopfte ihm auf die Finger, dann stößt er mit dem Kopf auf den Boden).
Andreas mag es zu reimen, bei manchen Reimen beginnt er vor Freude zu hüpfen und will sie wieder und wieder hören.

15.4.
Heute sind alle ein wenig „unrund“. Elisabeth hatte die Nacht Ohrenschmerzen und ist aggressiv, sie schafft es nicht, sich zurückzuziehen, um Ruhe zu haben, stattdessen ärgert sie. Erst als sie anfängt selbst etwas zu basteln – Plastilin, Schere, Bilder – kommt sie zur Ruhe. Manfred wirkt heute abwesend, er hört wenig auf das, was ich ihm sage, ist etwas taumelig.

16.4.
Plötzlich ist das Thema Piraten im Raum. Wir machen Piratenkappen und Augenbinden, die Kinder sind aufgeregt und begeistert. Bernhard und Helmut sind die Initiatoren des Spiels. Lena möchte einen Drachenhut, auch Anne und sie spielen gemeinsam Drachen und brauen bunte Säfte. Johannes ist bei ihnen, ohne aktiv mitzuspielen. Geschichte heute mit dem Piratenschiff – Lied (Nach der Melodie von „Wir sind Bären“).

Die Piraten groß und stark
segeln durch das blaue Meer
haben einen Schatz am Schiff
Piraten sein, das ist sehr schwer.
Und das Schiff, das schwankt
auf den hohen Wellen,
den Piraten geht’s gar nicht gut.
Wo verstecken jetzt, wer kann ihnen helfen?
Wer macht ihnen beim Sturm heut Mut?

Abholzeit: Mit Papa von Helmut lange über Buch von Hollerer geredet, er hat Bedenken, ob dadurch nicht eine Art Fragebogenmentalität entsteht. Wir sprechen über die Beobachtungsbögen des ersten Quadranten, und damit verbunden die Stärkung des Selbstwertgefühls. Er sagt, es sei überraschend, dass sich all die alten Wichtigkeiten als gut erweisen. Leider konnten wir das Gespräch zur Abholzeit nicht weiterführen.
Lautschulung Anfangslaute ist für die Kinder einfach und lustvoll.
Die Kinder machen aus Stoffen Piratenkappen und Manuel bastelt mit ihnen Augenbinden. Sie laufen den ganzen Vormittag als Piraten herum.

17.4.
Wir kochen Kinderkaffee und backen Nusskuchen. Wie immer kochen die Kinder gerne.
Im Morgenkreis: das Piratenlied, „Petersbründele“.
Elisabeth ist nach der Jause ungeduldig, als ich sie auffordere, ihren Becher abzuräumen, schüttet sie ihn in die Jausenschüssel. Ich stelle sie daraufhin zur Rede – sie meint: weil ihr der Morgenkreis immer viel zu lange dauert ärgert sie sich so, ich beharre darauf, dass sie über ihren Ärger redet, statt ihn durch Aktionen zu zeigen. Sie versteht.
Johannes ist behutsam, er geniesst die Nähe zu mir und setzt sich gerne auf meinen Schoß.
Heute spielen wir nach Donaldson, die Kinder mögen es, aber ich merke, dass ich bei manchen Arten der Annäherung unsicher bin, wenn sich z.B. Manuel übermütig auf mich stürzt.
Helmut sucht stark die Nähe von Sebastian. Neben ihm malt er ein Haus, in dem er mit seiner Familie wohnt.
Lautschulung Endlaute – schwieriger als Anfangslaute für die Kinder.
Den Vorschlag, das Stück „Das gutherzige Ungeheuer“ mit vertauschten Rollen zu spielen, findet Elisabeth blöd.

18.4.
Das Meer.
Piraten auf dem Meer. Im Morgenkreis das Lied, dann werden überall Tücher aufgelegt (blau, grün) und nach der „Wie-geht-es“ Runde verwandeln sich alle Kinder in Meerestiere, die im Wasser schwimmen. Es kommt zu Übergriffen von Jonas, Lena weint. Später hockt sie da und meint: „Weißt du, ich bin so voller Sehnsucht“, ich setze mich zu ihr. Später verkleidet sich Lena als Piratenprinzessin.
Helmut fragt schon am Morgen nach Legos. Im Morgenkreis kommt die Idee, unsere Legos, die ich bisher nicht in der Gruppe hatte, herunterzuräumen und auf der Insel zu bauen – „mucksmäuschenstill“ spielen sie auf der Insel, man sieht und hört sie kaum.
Gerald genießt es, Stoffe zu reißen und er schneidet auch gerne mit der Schere. Franziska spielt eigenständig, man merkt kaum, dass sie da ist.
Manfred will zu seiner Mama, als er „aufs Klo“ muss.

Katharina sucht sich einen Stoff für ein Tuch. Eva mailen, ob sie mit zur Quelle mag.

21.4.
Morgens sind alle energiegeladen, ich mache mit den „Schulkindern" eigene Bücher, in die z.B. Entwurfszeichnungen kommen, um Bernhard ein wenig zum Schreiben zu motivieren, denn der meidet feinmotorische Tätigkeiten, denkt viel nach und erklärt alles mit Worten. Er macht ein Piraten-Büchlein, Katharina ein Tänzerinnen-Buch, Nora ein Schöne-Momente-Buch.
Im Morgenkreis: Stelle den Globus in die Mitte – gibt es mehr Wasser oder mehr Land auf der Erde?
Die blauen Flächen sind Wasser!
Wir sprechen kurz über die vorjährigen Stationen, über den Ursprung des Lebens im Wasser, dann darüber, welche Tiere an Land kamen, die Reptilien; dann über die Säugetiere, die sich später entwickelten. (Eva hatte im Vorjahr die Entstehung des Lebens in zwölf Tellern mit den Kindern nachvollzogen.)
Thema für die Geschichtenzeit, das Buch vom Vorjahr wieder lesen.
Elisabeth gebe ich eine Uhr in die Hand, damit sie sagen kann, wann der Morgenkreis aus ist. Ihr dauert er nämlich immer noch zu lang. Auch Bernhard meint: „Eigentlich kann ich dann mit Elisabeth viel zu kurz spielen – darum mag ich nicht, dass er so lange dauert." Die beiden sind in ihrer eigenen Spielwelt, in der sie intensiv miteinander kommunizieren.
Katharina bastelt allein ein Flugzeug, sie ist oft einfach da und sieht zu – am liebsten spielt sie mit einer Freundin.
Elisabeth möchte die alte Verkleidungskiste wieder haben. Manchmal habe ich den Eindruck, sie will so wenig Veränderung wie möglich. Helmut hat große Freude an Sebastian, sie provozieren ihn, wollen sich mit ihm messen. Wir besprechen im Morgenkreis auch die Quelle – ich erinnere sie an das Spiel „Die Moldau entspringt".
Johannes: immer wieder stapelt er Sessel, baut um, ihn interessieren Buchstaben – auch Andreas ist von Buchstaben fasziniert. Der lässt sich aber auch wieder leicht davon abhalten.
Gerald: großes Interesse an Buchstaben – ist sehr zufrieden einfach mitten in der Gruppe, einmal da einmal dort, spricht

gerne mit Erwachsenen. Peter geht auch von einem Platz zum nächsten, zufrieden holt er sich verschiedene Spiele.
Bin am Samstag mit Sebastian in der Stadt, verspüre den Wunsch, meine Arbeit festzuhalten, aufzuzeigen, wie der Alltag verläuft.

22.4.
Ausflug Lorberquelle.
10 Kinder und 5 Erwachsene fahren zur Lorberquelle. Im Bus sind alle sehr ruhig, die Pferde begeistern die Kinder. An der Quelle trinken wir Wasser und jausnen.
Das Wasser an der Quelle ist klar wie immer, die Pflanzen wirken wie unter Glas, es ist, als würde man in eine andere Welt sehen, wenn sich dort zwischen den Wasserpflanzen die Fische langsam bewegen.
Gerald jausnet zuerst ausgiebig, erst nach langer Zeit entdeckt er das Wasser. Immer wieder die beobachtbare Betroffenheit der Kinder, wenn einer weint. Als Johannes weint, bleibt Gerald (2 ¼) betroffen bei ihm stehen und geht dann auf ihn zu, um ihm die Hand aufzulegen und in sein Gesicht zu sehen.
Bei der Heimfahrt schlage ich vor unser Theaterstück vom gutherzigen Drachen mit verteilten Mädchen-und Bubenrollen zu spielen, wozu ein Vater bemerkt: „Es ist schon alles so in Unordnung, lass doch die Dinge, wie sie sind!“

23.4.
Johannes (3,4 Jahre) sieht Annes Bild mit einer traurigen Sonne, er meint : „Warum ist die Sonne traurig?“ Anne: „Weil sie nicht selbst kochen darf!“
Der Ausflug zur Lorberquelle wird gemalt, ich frage, woher unser Wasser kommt – durch lange Wasserleitungen und ein Wasserwerk, in dem es dann verteilt wird.
Bernhard lacht, wenn jemand zu Schaden kommt; wenn ich ihn daraufhin anrede, reagiert er betroffen. Lena ist traurig.
Ich bin heute auch traurig, es ist eine Art „Schwer werden“ und „Ausatmen“ nach allem.

24.6.
Nudelsuppe. Dampf aus der Suppe beobachten. Warum blubbert es da drinnen? Was ist der weiße Rauch?

Jonas hat ein Buch mitgebracht, in dem beschrieben ist, dass die Drachen jeden Suppenabend – das ist einmal im Monat – ein riesiges Drachenfest machen. Also machen auch wir heute ein Drachenfest. Bernhard deckt den Tisch und holt Blumen. Sie sind den ganzen Vormittag im Garten.
Peter singt oft vor sich hin. Heute sitzt er da, nimmt Johannes Puppe in den Arm und wiegt sich lange, legt dabei den Kopf schief und ist zufrieden. Elisabeth ärgert Peter. Sebastian gibt sie zu mir ins Haus. Sie sagt nicht, warum sie Peter geärgert hat. Ich schlage ihr vor, sie soll ihren Ärger in ein „Kritzekratzebild" malen. Das Malen gefällt ihr gut und sie wirkt gelöst.
Lieder: Bananenboogie, hier ist grün, Petersbründele, ich sage es geht um die Suppe, da singen alle mit.

25.4.
Gerald möchte malen, Katharina und Nora malen ein Bild mit Wasserfarben. Anne ist selbstverständlich hier – hat sich gut bei Katharina, Nora und Lena gefunden.
Mit Eva über die zirkulären Themen Wasser, Erde, Feuer, Luft geredet, war sehr spannend, Kreise zu finden, die sich wieder schließen.
Elternbrief schreiben. Festvorschlag machen.

28.4.
Wird Manfred von Papa gebracht, gibt es Tränen, heute hat er sich aber wieder beruhigt, auch wenn er nach Mama jammerte. Die ist aber krank, auch er sagte immer wieder, dass er krank sei.
Bernhard zeigte voller Stolz die Schultasche. Wir machten ein Wasserexperiment mit einer Plastikflasche als U-Boot. Wenn wir es mit Wasser befüllten, sank es, wenn wir Wasser herausschütteten, tauchte es wieder auf.
Ich war den ganzen Vormittag damit beschäftigt, überall wieder ein wenig Ordnung zu schaffen, die Kinder waren nicht sehr konzentriert bei ihren Spielen, sondern räumten einfach her – heute waren Peter und Gerald da, das lag auch daran. Die einzelnen Zettel ausdrucken, langsam das neue Thema in Angriff nehmen. Kleine Wunden bei Gerald – ich habe ihm mit der Gitarre auf die Lippen gestoßen und er blutete. Gerald ist sehr liebenswürdig, er strahlt oft, wenn ich mit ihm spreche.

Johannes braucht viel Nähe, er genießt das Wickeln richtig. Auch Peter genießt es.
Heute turnten wir nach dem Morgenkreis. Geschichte: die weiße Schlange, die Sterntaler, Experiment: das U- Boot.

29.4.
Immer wieder wollen die Kinder schon am Morgen etwas vorgelesen bekommen. Sie hören aufmerksam zu, obwohl ich mich oft frage, wie viel sie von der Geschichte verstehen. Als wäre es etwas Magisches, Worte zu hören. Wir waren lange auf dem Pfarrspielplatz. Geschichte von Guggenmoos.
Was als Abschluss für unser Thema? Wie das neue Thema starten? Nun die Fotos für Eva und endlich auch die Buchhaltung.

30.4.
Heute wieder zum Thema Wasser: Schüttspiel und eine Geschichte von Guggenmoos über einen König mit einem goldenen Schwimmreifen. Die Kinder lachten sehr über das schwankende Schiff und den Dialog zwischen König und Kapitän.
Staune immer wieder über das Sprachgefühl der Kinder – phonologische Bewusstheit: Worte, Sätze, Buchstaben – was ist ein Buchstabe, was ist ein Wort?
Johannes macht ein Experiment mit dem Schlauch – er ist hingerissen vom Umleiten des Wassers durch den durchsichtigen Schlauch.
Helmut ist meist bei Sebastian und möchte, dass der etwas für ihn macht. Anne, Lena und Katharina spielen und spielen und spielen… . Elisabeth hat ein gutes Gedächtnis – heute im Morgenkreis nahm ich ein paar Holzmännchen und erzählte die Geschichte von Paul, der alle stößt.
Keiner mag ihn, aber Franz kennt ihn besser und weiß, was los ist. Die Mama von Paul ist im Krankenhaus und sein Papa arbeitet und keiner hat Zeit für ihn. Darum ist er traurig und wütend und darum stößt er. Was könnte Paul denn sonst noch machen, außer ein Kind zu stoßen?

2.5.
Jonas ist traurig, weil er weiß, dass Mama mit seinem kranken Bruder zuhause ist, er aber in der Gruppe sein muss–

Themen aufarbeiten, Beobachtungsbögen ausfüllen, Elterngespräche protokollieren. Die Reflexionsbögen über die Verhaltensweisen der Kinder ausfüllen. Manchmal bremse ich mich selbst, weil ich denke, die Eltern wollen das gar nicht. Die Zettel besser gestalten, den Raum ausmalen – eins nach dem anderen – und Ruhe finden in dem, was ich mache.

5.5.
Spiel Flut.
Helmut initiiert das Spiel Flut. Alle versuchen, sich irgendwo oben zu retten – sie beschreiben die Flut, Helmut meint, die Berge in Graz stürzen zusammen bei der Flut und alle sterben, er möchte jetzt schon ein Engel sein, um nicht bei der Flut zu sterben.

7.5.
Gender-Thema als Polaritäten-Thema aufarbeiten. Es gibt von allem ein Gegenteil – Gegenteile benennen, ein Wappen mit einem Kreis mit zwei Hälften malen. Gegenteile sind auch Ergänzungen – was wäre ein Tag ohne die Nacht usw.
Wir zeichnen ein Wappen mit einem Kreis, der in zwei Teile unterteilt ist (nach Ying und Yang).
Helmut und Bernhard halten sich nicht gerne an die Vorlage. Sie malen intensiv.
Im Morgenkreis erzählen sie, was sie auf ihr Wappen gemalt haben.
Katharina: Freude, wenn Freunde da sind, und Traurigkeit, wenn etwas zerbricht.
Nora: Freude mit Freunden, Sorgen als der andere Teil.
Bernhard: Bei mir ist nur Kampf oben, nichts Schönes.
Helmut: Bei mir ist nur Kampf.
Andreas: Straße nach Herberstein.
Gerald malt sehr geschickt und ausdauernd – gute Feinmotorik.
Thema: Es gibt Tag und Nacht, Regen und Sonnenschein, Männer und Frauen, sie sind verschieden und gehören zusammen.
Lena sagt: Rittermänner kämpften, Ritterfrauen mussten beschützt werden.
Dann gemeinsames Rollenspiel: Nora und Katharina sind Ritterfrauen, die von Manuel überfallen werden, Helmut und Bernhard kommen als Retter.

Später: Spiel Polizei, auch Katharina und Nora sind Polizistinnen.

8.5.
Für Sonntag – Muttertag – aus Ton etwas formen. Die Kinder sind begeistert.
Eine Idee für das Herzensschloss, Thema: die kleine Burg. Sebastian, der Page, durchsucht die alte Burg und kommt in verschiedene Zimmer, dort findet er Gegenstände, die ihn an Geschichten erinnern.

9.5.
Fantasiereise Wasser:
„Du bist Wasser – welches Wasser bist du, wie siehst du aus, wie geht es dir – du bist sehr ruhig, dann bewegst du dich ein wenig, schließlich bist du übermütig."
Die Kinder können sich nicht gut konzentrieren. Manfred muss aufs Klo und als er zurückkommt, ist er noch unruhig – die anderen sind erst konzentriert, dann aber fangen sie an zu reden.
Vormittag – ein wunderschöner Tag, mit großer Konzentration wird gemeinsam im Sand ein Staudamm gebaut. Sie diskutieren viel, wie sie es machen. Jonas, Manuel und Helmut, Anne, Katharina und Lena machen Salben – sie sammeln und mörsern und mischen mit Wasser. Franziska und Manfred spielen. Franziska ist fürsorglich, Manfred ungestüm. Heute besucht uns Manfreds Mama zur Geschichtenzeit. Sie ist Musikerin und wir singen zwei Lieder und tanzen dazu – es gefällt den Kindern sehr gut.

14.5.
Ich stelle eine leere Schüssel in die Mitte und daneben zwei leere Krüge mit der Bitte die Schüssel mit Wasser zu füllen. Bernhard und Jonas sind interessiert, holen immer wieder mit dem Krug Wasser und füllen sie. Sie geben verschiedene Dinge ins Wasser und beobachten, dann schnipseln sie Papier klein und beobachten.
Es ist eine sehr konzentrierte, ruhige Stimmung in der Gruppe. Jonas kommt morgens allein in die Gruppe, worauf er sehr stolz ist, er und Bernhard singen erstmals im Morgenkreis mit.

Johannes stellt er sich zu mir und sucht meine Nähe – er schenkt mir ein Bild, über das ich mich sehr freue.
Elisabeth möchte einfach nur spielen. Auch sie sucht meine Nähe. Meine Tochter Marie zeigt heute die Judofallschule – alle Kinder sind interessiert – Jonas macht intensiv mit.
Anne fragt nach dem Morgenkreis, etwas fehlt für sie, wenn der Morgenkreis nicht gemacht wird.
Kinder, die Struktur brauchen und Kinder, die viel Freiheit brauchen.
Elterngespräch Lena: Sie ist sehr selbstklug und menschenklug und liebt Rollenspiele mit ihren Freundinnen.
Idee für Abschlussfest: Odysseus, der von einer Insel zur nächsten segelt. Auf den Inseln finden sich die Themen des Jahres: Farben, Bauen, Herzensschloss, Theaterstück: Der gutherzige Drache, Samen, Wasser, Polaritäten.
Blätter für die Elterngespräche drucken.

15.5.
Mit Katharina schreiben – die Kinder sind begeistert. Jonas möchte schon in die Schule, auch Bernhard schreibt nun sehr gerne. Sebastian schreibt mit ihnen.
Wir kochen Spaghetti.
Draußen: Katharina legt mit Nora wieder eine Wasserstraße – sie putzen den seitlichen Zubau mit Wasser und Besen.
Elisabeth sagt: „Das Wichtigste ist das Leben."

16.5.
Heute ist es ruhig in der Gruppe.
Wir singen „Hol dir das Gelb von der Sonne" aus dem Farbenbuch – ich finde es kitschig, aber zum Thema Farben habe ich nur wenige Lieder gefunden. Manfreds Mama bringt mir Noten von Liedern, die mir viel besser gefallen.
Bemerke eine immer wieder auftauchende Unsicherheit den Eltern gegenüber.
Anne, Nora, Lena und Katharina fangen die „Finzie" – eine winzige Feuerwanze – und halten sie in einem rosa Behälter mit Blumen gefangen.
Gedanken zum Abschlussfest: Odysseus, Circe, Zyklop, Sirenen.

1.5.
Elisabeth hat die Idee einen Verkaufsstand zu machen – sie machte das zu Hause, mit ihrer Idee begeistert sie die anderen Kinder und alle stellen die Bank an den Zaun unten beim Weg, um den Passanten ihre Schätze zu verkaufen. Nähert sich jemand, beginnen sie laut zu schreien. Heute waren sie nicht sehr erfolgreich.
Johannes spielt allein im Sand, dann formt er Tonkugeln, er ist zufrieden, und manchmal setzt er sich auf meinen Schoß.
Katharina wartet morgens immer auf eine Spielgefährtin, dann aber geht's los.
Elisabeth ist unglaublich aktiv an einem Vormittag: zeichnen, Haus spielen, Verkaufsstand, sägen, Geschichten hören. Bernhard wartet eher ab, mit Helmut ist er heute ein Herz und eine Seele. Helmut sagt beim Turnen „Nein", weiß nicht recht, was ich mit dem Widerstand machen soll – denke, es ist wichtig, dass er lernt, Anweisungen zu folgen, aber er geht noch oft in die Blockade.

20.5.
Fragerunde. „Könnt ihr mir beschreiben":
Fluss: ein ganz ruhiger, so ähnlich wie ein kleines Meer, unruhiger, dass es ein großer Bach ist und ein tiefer.
Meer: also es ist breiter und es hat mehr Wellen, es ist stark
Teich: Da hab ich Kaulquappen gefangen, an vielen Häusern kann man anlegen, gräbt Erde tief ein, legt Folie hinein dann kann man Wasser rein legen, in Herberstein war ein Teich, da war ein Frosch drin.
Lorberquelle: Schau – wir bei der Lorberquelle
Quelle: wo man Wasser trinken kann, ja weil sie so schön sauber ist
Manuel: da kann man sich spiegeln
Helmut: Im Meer ist das net so, da spiegelt man sich nicht
Wasserfall: dass es so hoch ist, dass das Wasser sich einen eigenen Weg sucht.
Manuel: Weißt du, dass die Drau aufgestaut wird, dann kommt Strom.
Katharina: In manchen Ländern müssen die Menschen dreckiges Wasser trinken.
Helmut: Im Meer ist das net so, da spiegelt man sich nicht.

Manuel: Meerwasser kann man nur trinken, wenn man Salz ausfiltert. Ich nehm` einmal vom Meer eine Dose mit Salzwasser mit.
Bernhard: Man kann es in die Sonne stellen, dann verdunstet Wasser und Salz bleibt.

20.5.
Wir gehen auf den Pfarrspielplatz, es beginnt zu regnen, alle sind sehr gut ausgestattet mit Regenjacken, uns stört der Regen nicht – bei intensiverem Regen, brechen wir ab und gehen zurück ins Trockene.
Nora: War das ein Erlebnis im Regen.
Manfred ist oft sehr schwer zu erreichen – er reagiert nicht, wenn er in eine Tätigkeit vertieft ist. Auch ist es manchmal so, dass ich aggressiv werde, wenn ich manche seiner Aktionen beobachte.

21.5.
Peter (später beim Wickeln): Heute kommt kein Gewitter, kein Bum und Licht. Dann kommt auch der Schneepflug.
Ich bin heute sehr müde – die Kinder hocken sich am Morgen zu mir, wir lesen die Geggis, sie sind leise und konzentriert beim zweimaligen Vorlesen des ganzen Buches. Auch wenn ich jetzt innerlich fahrig bin, sind die Kinder ausgeglichen und spielen. Habe endlich wieder das Gefühl Boden unter den Füßen zu haben. Nun also: Beobachtungsbögen für die Kinder ausdrucken und ausfüllen.

26.5.
Johannes: grobmotorisches Bauen – Sessel, Bänke verstellen, Türme bauen. Peter singt gerne bei seiner Arbeit.
Katharina beobachtet sehr gerne, muss manchmal aufgefordert werden.
Bernhard und Helmut bauen eine Höhle, in die sie sich verkriechen.
Elisabeth bastelt einen Drachen – eine Planrolle als Körper, ein Papierteller, ein Blatt Papier als Zunge, Haare aus geschnittenen Papieren. Sie meint: Das ist mein Drache, der kann Feuer spucken.
Peter erkundet einen kleinen Lauf im Zimmer – er saust durch den Raum, zur Tür hinaus, klopft an die Tür und lässt sich dann

hinfallen. Andreas ist sehr guter Laune, er zeigt alles mit dem Körper – drückt Gefühle über Körper aus hüpft und lacht dabei.
Wieder spielen die Kinder das Spiel Verkaufsstand.
Das Spiel „vigel, vogel, vugel“ gefällt allen sehr gut.
Vigel vogel vugel du wirst jetzt zur Kugel
Donner Blitz und Hexerich aus der Kugel wird ein Strich
Donner Blitz und eins zwei drei,
aus dem Strich da wird ein Ei
vier – aus dem Ei da wird ein Tier
fünf – zeigt mir eure Strümpf
sechs – verwandelt euch zur Hex
sieben – sammelt euch dort drüben
acht – nun sagen wir gut Nacht
neun – nun geht es in die Scheun
zehn – Habt ihr das gesehn.

Geschichte: Brüderchen und Schwesterchen.
Alle hören bis zum Ende konzentriert zu.

28.5.
Es ist sehr heiß – wir sind drinnen, Elisabeth hat die Idee, ein Fest zu veranstalten, wir planen das Fest. Draußen spielen Musiker, es gibt Turner und es wird gejausnet.

29.5.
Omelettenkochen. Was den Kindern sehr großen Spaß macht, da sie den Teig in die Pfanne gießen dürfen. Dann wird gespielt, gespielt, gespielt, gespielt. Was gestern schwer in Fluss kam, ist heute wie von selbst. Geschichte: die Geggis. Nächste Woche Coaching zum Thema Gender.
Katharina kam heute in die Gruppe.
Fröhlich meinte sie: „Unsere Nachbarin kam ins Krankenhaus“
Ich: „Oje!“.
Sie: „Wieso?“
Ich: „Na, sie kam doch ins Krankenhaus.“
Katharina: „Aber sie bekommt ein Baby!“

30.5.
Vorbereitungen für das Fest. Im Morgenkreis ist Jonas wieder unruhig – er tut so, als würde er größer sein als die

Erwachsenen, er ist viel stärker als ich, meint er. Er und Franziska gehen hinaus zum Hängesessel.
Anne meint, der Jonas ist schwierig. Im Garten draußen spielen alle wieder harmonisch – sie reiben mit Vergnügen Nüsse – Kochen ist eine der Lieblingsbeschäftigungen, sie pflücken Ribisel und kochen Ribiselsuppe, Manuel freut sich schon immer sehr auf die Geschichtenzeit (habe wieder in Bettelheim „Kinder brauchen Märchen“ gelesen). Er hört konzentriert zu, bleibt auch bei drei Geschichten sitzen. Anne ist noch nicht so konzentriert bei der Geschichtenzeit, auch Katharina spielt lieber. Gender-Buch über die Prinzessin, die eine sehr untypische Prinzessin ist.
Das Sommerfest am Samstag mit den Eltern erlebte ich als schönes gemeinsames Fest. Alle Themen des Jahres wurden nochmals in einem Spiel wiederholt – zum Thema Herzensschloss mussten die Kinder einen Faden aufwickeln, um ihren Weg ins Herzensschloss zu finden, am Ende des Fadens stand hinter einer Pappkartonwand ein Elternteil. Eva half mir beim Aufbauen der Stationen, es war doch mehr Arbeit als gedacht. Ich sprach recht spontan zu jeder Station. Wir sangen Lieder dazu, es war ein wunderschöner Vorsommertag im Wald bei St. Johann und Paul.
Danach saßen wir noch alle in der Buschenschank – es war zwanglos, aber ich bin etwas traurig, weil viele der Kinder, die schon so lange in der Gruppe sind, ab Herbst nicht mehr kommen.

2.6.
Heute beginne ich am Vormittag zu lesen und die Kinder können nicht genug davon bekommen, ich lese vier Bücher vor, bis es Jausenzeit ist.
Sie hocken neben mir auf der Bank und hören konzentriert zu. Nur Gerald, der erst 2 Jahre alt ist, spielt in dieser Zeit.
Den restlichen Vormittag wird wieder Ribiselsuppe gekocht und es werden Nüsse gemahlen.

3.6.
Wir gingen zum Kirschenbaum bei der Zugunterführung – diesmal war der Bauer da, und er erlaubte uns die Kirschen zu pflücken, die wir im Vorjahr, ohne zu fragen genommen

hatten. Wir schmausten die sehr reifen Kirschen und später sahen wir den Zügen zu.

4.6.
Wir sahen die Videoverfilmung des Musicals „Die kleine Meerjungfrau", die Jonas mitbrachte. Eine Laientheatergruppe inszenierte eine unglaublich farbenprächtige Aufführung des Märchens, wobei es ein Happy End gab.
(Meerjungfrau heiratet den Prinzen).
Mich lässt der Gedanke an ein authentisches Theater nicht los. Forumtheater und Rollenspiel – eine Geschichte, die aus den Mitspielern wächst und gemeinsam gespielt wird. (Ich hatte vor einiger Zeit einen Traum, in dem ich ein Kindertheaterstück mit den Worten kritisierte: Wo sind die Stimmen der Kinder?)
Immer wieder beschäftigt mich der Gedanke an den Menschen, der sich selbst von innen heraus reguliert (Neill-Homöostase), dazu die Überlagerungen, die Kinder aus Liebe übernehmen, die Rollen, die sie sich selbst auferlegen, wie passt eins zum anderen?
Weiß nicht, ob ich heute zum integralen Forum gehen soll.
Die Ruhe, die ich beim nachmittäglichen Schreiben finde, tut mir sehr gut.
Lena, Anne und Katharina spielen sehr vertieft und führen viele Gespräche.
Helmut und Bernhard sprechen sehr gerne miteinander, diskutieren über das Musical „Die kleine Meerjungfrau".
Ressourcenblätter der einzelnen Kinder ausfüllen.

5.6.
Ein Regentag. Wir backen gemeinsam Dinkelweckerl, die sehr gut schmecken, dann spielen die Mädchen draußen im strömenden, warmen Sommerregen. Auch Peter ist gerne draußen im Regen.
Mit Frau Scambor, einer Genderexpertin, vereinbare ich einen Termin, den ich Eltern und Interessierten weitergebe. Termin Verkehrserziehungsgarten am Freitag den 13.6. Ein Rundmail senden.

6.6.
Jonas möchte morgens erzwingen, dass seine Mama ihm die Schuhe auszieht – er fängt an zu weinen und die Tür zu blockieren, obwohl er sich die Hausschuhe bereits seit einem Jahr selbst anzieht. Als ich die Tür für seine Mama öffne, wird er aufgebracht und schlägt nach mir. Ich hindere ihn daran, mich zu schlagen, indem ich seine Hände festhalte. Da wird er traurig und weint aus tiefster Seele, weil seine Mama nicht mehr da ist.
Dann beklagt er sich unter Tränen. Ich höre ihm zu und die anderen Kinder trösten ihn betroffen, vor allem Katharina – sie bietet ihm ihre Jause an, sagt, dass auch sie einmal weinte, weil Mama ging. Ich erkläre Jonas, dass auch seine Mama arbeitet und nicht einfach kommen kann, wenn er es möchte. Aber er meint: „Sicher, sie kann kommen." Er ist sehr bestimmend und besitzergreifend, daneben aber ein kleines Häufchen Elend.

9.6.
Ich halte Peter und sage zu ihm: „Das ist ein lieber Peter!" Er daraufhin: „Sicher bin ich lieb!" (2 Jahre und 3 Monate). Draußen ist er oft im Bambus, dort steigt er in den gelben Leiterwagen und spielt Zug. Dann klettert er auf die Regentonne daneben und setzt sich drauf. Neben Manuel wollte er mit der Kelle in der Hand auf den Kinderhaustisch steigen.
Ich beobachte oft, dass die Kinder vorgefertigtes Spielzeug zum Spielen links liegen lassen und stattdessen zu Stöcken und Sand greifen.
Neues Spiel Krieg: Dazu basteln sich Helmut, Manuel und Bernhard Schwerter. Einer meint: „Jetzt ist der 3. Weltkrieg" (wobei ich eine Gänsehaut bekomme). Katharina und Nora spielten Schwestern und sind nicht am Kriegsspiel beteiligt.
Beim Königsspiel spielten alle mit: Manuel war König, Katharina Köchin und Prinzessin, Nora war Prinz, meinte aber enttäuscht: „immer krieg ich die Bubenrollen" und bekam daher noch die Rolle der Kochassistentin. Andreas war Förster, Bernhard war Wächter, Helmut und Elisabeth waren auch Wächter, während Johannes kochte.
Experiment: Mit Magnet Nägel bewegen, mit aufgeladenem Luftballon den Wasserstrahl ablenken.

Geschichtenzeit: ich lese die Geschichte von der kleinen Meerjungfrau von Hans Christian Andersen – Elisabeth, Helmut und Bernhard hören bis zum Schluss konzentriert zu.

13.6.
Ausflug ins Stadtzentrum – wir fahren mit dem Linienbus. Die Kinder sind sehr gerne unterwegs. Es ist immer wieder erstaunlich, wie sehr die Passanten auf kleine Kinder ansprechen: „Sind die lieb, schau, ach wie nett…, das sind aber hübsche Kinder“
Als wir es endlich durch die Fußgängerzone bis zum großen Spielplatz im Park geschafft haben sind die Kinder wieder voller Energie und stürmen die Spielgeräte. Leider wird es kalt und es beginnt zu regnen.
Im Verkehrserziehungsgarten, den wir anschließend besuchen, erklärt der Polizist die Regeln im Straßenverkehr. Wir gehen die Ampeln und Gehsteige ab, dann zeigt er uns ein Polizeiauto, was alle begeistert.
Elisabeth und Johannes sind heute zum letzten Mal in der Gruppe – beim Abschied ist mir, als würde ein Stück Vertrautheit und Wärme enden, die beiden sind mir sehr ans Herz gewachsen. Vor allem Elisabeth hat in letzter Zeit immer wieder meine Nähe gesucht. Und Johannes schenkte so viele, viele Blumen… .
Nachmittag Gender: Frau Scambor ist sehr kompetent, konnte gut vermitteln, um welche Fragestellungen es geht. Ich hätte gerne mehr Zeit, um zu lesen. Muss im Sommer einmal alles ordnen und wieder abklären.

16.6.
Heute habe ich fast den Geburtstag von Helmut vergessen, aber, da auch er sich Schokoladentorte wünschte und alle Zutaten da waren, backten wir wie gewohnt Torte. Helmut freute sich, im Mittelpunkt zu stehen, und die Freunde auszusuchen, die neben ihm am Geburtstagstisch sitzen dürfen. Unser Ritual sieht vor, dass das Geburtstagskind im Morgenkreis die Kerzen anzünden darf und zu jedem Lebensalter einmal um den Kreis geht. Dann singen wir ein Lied, das es sich wünscht und schließlich bekommt es von jedem Kind einen Glasstein mit einem Wunsch als Geschenk.

Peter, unser Kleinster, ist nach wie vor zufrieden und ausgeglichen, ich bin richtig glücklich, wenn ich ihn manchmal beobachte, wie er sich Stück für Stück vom Garten erobert. Bernhard, der früher viel überlegte und kaum zu grobmotorischen Spielen griff, möchte nun „starke Spiele". Er hämmert und schaufelt kraftvoll und konzentriert, wo er früher nachdachte und plante.

17.6.
Sehr müde heute, gestern Therapie bzw. Supervision. Erst bei Christine Harter, dann bei Christine Essen.
Wieder Regen, als wir am Spielplatz waren, Helmut und Bernhard spielen nun häufig mit Manuel. Die beiden sind aufgeregt, schon morgens spielen sie Gespenster. Katharina, Lena und Nora sind auch sehr aktiv, sie sprechen aber auch von der Bubengruppe, die nicht mitmachen darf. Geschichte: die magische Perle. Beim Gespensterspiel spielen alle gemeinsam – die Rollen werden unabhängig vom Geschlecht verteilt.
Manchmal habe ich das Gefühl die Ereignisse in der Gruppe zu wenig erfassen zu können, als könne ich die vielen Beobachtungen nicht einordnen, oder als wäre es vollkommen überflüssig, all das festzuhalten, da es ja doch nur ein Bruchteil der Ereignisse ist.

18.6.
Soziale Kompetenzen der Kinder: Franziska weint, Manuel holt ihr die Klangkugeln, Andreas bringt ihr das Tränchen, dann will sie nicht in den Garten, sondern von Jonas abgeholt werden, der macht das nicht, daraufhin meint Bernhard: „ich kann dich abholen."
Man sieht, dass sich Gerald und Sebastian sehr gut verstehen.
Konflikt Jonas mit Lena: Er schlägt auf ihren Rücken, weil sie ihn nass gespritzt hat. Ich hole ihn zur Seite, er sieht mir nicht in die Augen, und ich habe das Gefühl, er will mir nicht zuhören.
Sebastian kann die Kinder gut halten, wenn er malt, sitzen sie bei ihm und konzentrieren sich auf die Tätigkeit.
Im Gegensatz zu Ksenija hat er viel mehr Beziehung zu den Buben.

19.6.
Palatschinken backen mit den Kindern. Peter kommt morgens zum Kochtisch und vermischt alle noch nicht abgewogenen Zutaten: Mehl, Salz, Schokolade und Wasser – so gab es heute sehr salzige Schokoladepalatschinken.
Sebastian besucht uns mit seinem Freund Florian, einem guten Schlagzeugspieler. Erst zeigt Florian den Kindern im Gruppenraum einige Trommeln und spielt ihnen Rhythmen vor. Später trommeln sie draußen, da es ein wunderschöner Sommertag ist.
Die Kinder sind erst sehr schüchtern und beobachten bewegungslos, was vor ihnen geschieht, später begleitet Bernhard alles mit seiner Rassel, dann nähert sich auch Peter den Musikern, die im Reggaerhythmus spielen, und im Garten machen einige andere noch mit.

Katharina, Nora und Anne haben sich von den Trommlern entfernt und lachen richtig lauthals bei ihrem Spiel – sie spielen ständig miteinander.

20.6.
Kinder, die den ganzen Vormittag miteinander spielten, langsam lässt bei mir die Anspannung nach, ich bin müde bis in die Knochen, der Hals schmerzt ein wenig.
Katharina und Nora spielen Hündchen und Nora krabbelt auf allen vieren durch die Gruppe.
Manfred ist nun oft bei Bernhard und Helmut, die sehr fair zu ihm (dem Kleineren) sind. Er ist in seiner Sprache immer noch unklar, redet wie mit sich selbst und wenn er ins Spiel vertieft ist, vergisst er die Welt um sich herum. Manfred versteht die Aufforderungen deshalb nicht immer sofort.
Manuel geht heute barfuß – sein Papa erzählte gestern, dass er das zu Hause nicht macht. Bewundere ihn, weil er so lebendig und voller feiner Späße ist.
Katharina spielt nun ständig, ergreift viele Initiativen, ist viel in Kontakt mit den anderen, wobei sie tonangebend ist. Anne ist in sich sehr ausgeglichen, überlegt sich die Regeln und fordert sie ein.

25.6.
Der Spaziergang zur Floraquelle war schattig und fein. Manfred war zwar müde, hat immer wieder Momente, an denen er einfach stehenbleibt, weil er etwas macht, was er jetzt gerade machen möchte. Er hat einen sehr starken Willen und muss dann immer überzeugt werden.
Leider kein Wasser bei der Quelle, aber es war ein schöner Spaziergang. Katharina blüht zunehmend auf, sie hat ein starkes Selbstbewusstsein und viele Ideen.

26.6.
Beobachte die Gruppe – bemerke vor allem bei der Mädchengruppe eine starke Emanzipation: sie lachen laut, nehmen den vollen Raum in Anspruch, laufen durch den ganzen Garten, machen ihre Projekte. Buben sind ein wenig hilflos, wenn es um neue Initiativen geht, sie machen Lärm, wenn ihnen nichts anderes einfällt oder übertreten Regeln (machen ein Loch in den Zaun).
Heute kochte Georg, der drei Jahre in Afrika war, über offenem Feuer im Garten Hirse-und Bananenbrei. Dann zeigt er den Kindern Spielsachen, die Kinder in Afrika selbst gebastelt haben, und erzählt vom Leben dieser Kinder.
Die Kinder hörten aufmerksam zu, stellten auch Fragen und aßen Hirsebrei (....).
Dann aber wirbelten sie durch den Garten, Andreas hatte zwei kleine Beulen, war manchmal außer Rand und Band, weil Marie, meine Tochter, die schon ein Schulkind ist, in der Gruppe war.

27.6.
Bin morgens sehr müde, heute sind nur wenige Kinder in der Gruppe, das ist sehr angenehm. Weiß nicht, ob ich wegen Klara (neues Mitglied unserer Gruppe) anrufen soll. Ksenija kann im Herbst nicht mehr hier arbeiten und ohne Praktikantin ist mir die Gruppe zu groß. Werde mit Marion Kontakt aufnehmen und fragen, ob es eine Möglichkeit gibt, eine geförderte Praktikantin zu bekommen.
Heute sind Tiere das Thema im Morgenkreis – ich lege Tierkarten hin. Jedes Kind kann ein Tier aussuchen. Lied: „Alle meine Tiere machen heut Musik“, dann „Biberkatzenmäusetanz“, dann „Was müssen das für Bäume“ sein,

dann Zauberspruch: alle verwandeln sich in Löwen, 1-2-3, die Löwen ziehn vorbei, nun sind wir … Elefanten.
Gedicht „Zwei Elefanten, die sich gut kannten“
Heute, da kein weiteres Mädchen da ist, spielt Anne mit Manuel – sie will mit ihm Streiche spielen.
Blätter für die Mappen erstellen. Strom, Tiere, Gender.
Die Sommerpause naht, bis dorthin sollen alle Mappen vollständig sein.
Einige Elterngespräche sind noch ausständig, die müssen wir am Nachmittag führen.

30.6.
Heute sind viele Kinder krank. Katharina, Andreas, Peter, Helmut und Bernhard organisieren sich gut. Wenn Helmut von etwas überzeugt ist, setzt er seine Meinung auch durch (wir bauen eine Höhle). Er hat auch Ehrgeiz, Neues zu basteln – Ketten zumachen usw. Er gibt nicht leicht auf, im Gegensatz zu Bernhard, der zwar die Aufgaben denkerisch durchdringt, aber nicht so viel Ausdauer zeigt. Neu ist, dass Helmut seine Interessen in der Gruppe durchzusetzen beginnt.
Katharina möchte immer mit jemanden spielen – Andreas spielt oft allein.
Spiele mit Wasser: am Boden mit Schwamm Wasserbilder zeichnen. Putzen, Andreas putzt sehr konzentriert und lange, dann initiiert er Hausbau, dann nimmt er Plastilin und spielt damit.
Inhalt Tiere: Ich lege Tierkarten auf den Morgenkreis, jeder darf ein Tier aussuchen und eine Eigenschaft des Tieres sagen. Helmut meint: „Ich sag nichts“, ich weiß nicht ob er damit Widerstand demonstrieren möchte, oder noch unsicher ist?
Peter ist zurzeit etwas chaotisch und lotet Grenzen aus – er stellt sich mit den Schuhen in den in der Sandkiste aufgestauten See, klettert auf Tische, ist mit den Großen in der Höhle und lacht aus vollem Herzen.
Die Individualisierung als vorrangig betrachten, dazu den Prozess zulassen, auf Kosten der Inhalte. Das im Sommer aufbereiten, diese Art der fließenden Inhalte für den frühpädagogischen Bereich. Auch mit Eva klären, dass diese Durchgänge Produkte des Prozesses sind und nicht ausgedachte Konzepte.

Tagebuch 9-11

8.9.
Neues Jahr, die Kinder kommen wie selbstverständlich, als würden sie einfach hier her gehören. Merke, dass ich bei ihnen sehr gut aufmerksam sein kann.
Manfred ist viel klarer als im Vorjahr, Gerald behutsam wie früher, Andreas wirkt ruhig, Peter ein wenig müde. Auch Bernhard und Helmut, die uns nach ihrem ersten Schultag besuchten, waren da wie selbstverständlich. Hier mit den Kindern erschien mir alles wirklich und echt, nicht so wie manchmal im Alltag, der mir einen Hauch von Unwirklichkeit vermittelt.

9.9.
Unser erstes Thema ist Bauernhof. Jeder sollte sich ein Lieblingstier aussuchen. Matthäus – Krokodil, Peter – Katze, Andreas – Affe, Franziska – Ente, Manfred – Giraffe, Gerald – Pelikan. Dann Rätsel: welches Tier gehört zu welchem Kind. Lied: „Alle meine Tiere machen heut Musik“, und gestern „Old Mc Donald.“
Viele spielen noch alleine – Manfred mag sehr gerne Franziska und Jonas. Jonas ist konzentriert – heute machte er sich aus einem Brett eine Bank indem er das Brett am Baumstamm annagelte. Er spielt viel mit Andreas.

10.9.
Spaziergang zu den Schafen – Sebastian begleitete uns, was die Kinder sehr freute.
Wozu sind die Tiere am Bauernhof da?
Lena, Anne und Lisa sind noch nicht da, sondern in Italien am Strand.

11.9.
Kochtag – Kartoffelschneiden. Manfred ist immer noch so intensiv mit etwas beschäftigt, dass er kaum zuhört. Sieht er aber etwas anderes – noch Interessanteres – lässt er alles stehen und liegen und saust auf das andere zu. Alle aßen, bis auf Peter und Matthäus.

Matthäus strahlt wie ein Sonnenschein, alles an ihm ist hell und fröhlich. „Weißt du – ich muss noch wachsen!“, sagte er zu mir am Klo.

12.9.
Heute war Lore zu Besuch. Sie war vor einigen Jahren in der Gruppe und ist wie früher sehr ernst und gewissenhaft – ich habe mich sehr gefreut. Mit Jonas spielte sie, aber sie stritt sich auch, weil sie ihm die Regeln erklären wollte und er hartnäckig widersprach.
Jonas ist viel ausgeglichener, seine Mama erzählte, dass sie mit ihm beim Osteopathen gewesen war.
Lore erzählte von Amerika, von der Kindergartenmappe, die sie dort hatte und dem Ablauf im Kindergarten.
Dann waren wir in der Pfarre beim Kindermusical.

16.9.
Morgenkreis. Basteln eines Traktors, Besprechen der Arbeit am Bauernhof.
Jonas schneidet sehr genau und konzentriert aus. Lena ist beim ersten Traktor ein wenig unkonzentriert, dann aber – beim zweiten – schneidet sie genau aus. Weiß nicht recht, wie sich das mit der Praktikantin finanziell ausgeht, muss mich heute noch damit befassen.

17.9.
Erster Waldtag – in der Gruppe ist es sehr ruhig, Tanja, die neue Praktikantin, geht sehr gut auf die Kinder ein, diese nehmen sie an. Es ist schon kühl – Andreas entdeckt einen Weg, auf dem wir spielen. Dort ist ein Hang aus loser Erde, die Kinder beschäftigen sich vor allem damit, Steine aus der Erde herauszuholen, sie sind sehr erdig. Jonas arbeitet intensiv wie immer im Wald, Lena baut sich eine Axt aus einem Stein und einem vorne gegabelten Holz.
Gerald ist jetzt gut in der Gruppe angekommen, fragt nie mehr nach Mama und Papa, auch beim Waldtag, als wir bei ihm zu Hause vorbei gehen, ist er sehr zufrieden. Andreas wird immer lebendiger, sagt was er will und ergreift Initiative. Peter marschiert im Wald ins Grüne und entfernt sich weit, ich folge ihm, weil ich wissen möchte wie weit er sich von der Gruppe wegtraut. Als er sich umdreht und mich sieht, zeigt er mir

einen Baum, auf den er klettern möchte. Er hat keine Angst sich zu verirren.
Ich frage ihn: „Was machst du, wenn du die Gruppe nicht mehr findest?“ Er legt den Kopf ein wenig schief und sagt: “Ach dann geh ich einfach solange weiter bis ich wieder da bin!“
Franziska ist immer zufrieden, dokumentiert für sich alles was sie macht.

18.9
Kochtag: Selbst Nudeln zu kochen ist nach wie vor eine Sensation. Manfred ist ebenso hingerissen wie Lena. Sie essen sehr viel vom Nudeltopf. Es ist fein, wenn Tanja da ist, fühle mich sehr wohl mit ihr.
Peter isst nichts vom gekochten Essen – er ist eigensinnig und will auch nichts kosten.

19.9.
Musiktag. Anne ist nach dem Sommer wieder da – kein Problem, es gefällt ihr gut.

25.9.
Malen eines Bauernhofes – wir kleben Tiere auf das Plakat.
Lena und Jonas malen – bei Jonas ist es seit langer Zeit das erste Mal, dass er so intensiv malt. Er ist in der Gruppe zurzeit einsichtig, was Regeln betrifft, und übernimmt gerne die Führung.
Manfred rebelliert dagegen. Gerald ist immer ausgeglichen, in der ersten Woche fragte er noch oft nach Mama, das ist jetzt vollkommen vorbei. Er hämmert gerne und holt die Säge. Auch Lena hat kein Problem, an manchen Tagen das einzige Mädchen zu sein, sie spielt dann mit Jonas.

26.9.
Ausflug zur Landwirtschaftsschule in Thal. Die Kinder mögen es, die Tiere zu füttern. Sie können nicht genug davon bekommen, Tiere zu streicheln und zu füttern. Peter meint: „Die Kuh hat mit mir geschmust.“ weil sie ihm mit der Zunge über die Hand leckte.
Andreas ist oft ruhig, er beansprucht noch immer nicht nachdrücklich seinen Platz, sondern lässt sich leicht von seinen

Vorhaben abbringen. Die Kinder fütterten den Kühen Silomais und streichelten sie.

27.9.
Begeisterung beim Kochen – vor allem bei Anne, Jonas und Lena. Manfred reibt viele Nüsse, er hat einen starken Willen, wir arbeiten lange an den Vorbereitungen für Kürbiskuchen, Tanja bäckt mit ihnen den Kürbiskuchen.
Ein Anruf einer an der Gruppe interessierten Frau – sie möchte auch eine Kindergruppe gründen. Als ich ihr die Rahmenbedingungen schildere sagt sie, sie werde es sich noch überlegen. Denke an die vielen Projektanträge, die wir in den letzten Jahren stellten und die Antworten darauf: „Tolles Projekt, fällt aber nicht in den förderbaren Bereich!"
Fällt mir jetzt schwer, eine weitere Perspektive zu verfogen, werde also weiterhin Aufzeichnungen machen und in Ruhe Fachliteratur lesen. Ich merke immer wieder, wie ungeduldig ich bin.

28.9.
Anne im Morgenkreis erzählt voller Freude, dass sie am Wochenende zu ihrem Papa fährt. Jonas meint daraufhin erstaunt: „Deine Eltern sind geschieden?" Anne schüttelt den Kopf, ihre Eltern sind nicht geschieden, sondern getrennt. Wir sprechen darüber, dass es viele Formen von Familien gibt.
Gerald ist einfühlend, wenn andere Kinder weinen. Er geht hin und sagt: „Was hast du- warum weinst du (2,5 Jahre)?"

29.9.
Lore ist wieder zu Besuch, was Lena, die früher oft mit ihr spielte sehr freut. Lisa ist in der Gruppe – sie fragt einmal nach Mama am Vormittag. Andreas hatte morgens Bauchschmerzen. Ich frage ihn was sein Bauch erzählt – er sagte, der Bauch kann ja nicht reden. Ich sage manchmal drückt der Bauch auch, wenn man seine Tränen schluckt, das hat mir das Tränchen erzählt – er hört sehr aufmerksam zu. Lena meint sie schlucke ihre Tränen nicht, sie bemühe sich ganz leise allein im Zimmer zu weinen. Ich sage besser wäre vielleicht, wenn sie Mama zeigen würde, wie es ihr geht, wenn sie traurig ist. Alle Kinder sind sehr interessiert an diesem Thema und wir sprechen noch lange darüber.

30.9.
Wir malen Früchte – Thema der Woche ist Ernte auf dem Bauernhof. Was kann der Bauer alles ernten? Gemüse, Obst. Was macht er mit Gemüse und Obst? Plan, am Kochtag Gemüsesuppe zu kochen. Ich habe einen Sack, in dem Gemüse, ist sowie eine Zitrone und eine Birne. Die Kinder müssen mit den Händen ertasten, welche Frucht im Sack ist, dann sollen sie sagen, was nicht dazugehört. Andreas und Lena wissen die Antwort – auch Jonas.
Jonas ist wie verändert in diesem Jahr. Er macht überall mit, er genießt es, der Ältere zu sein, möchte immer mit Lena spielen.

1.10.
Spielplatz mit den Kindern – Lena findet eine Gottesanbeterin, die am Boden liegt und nur noch zuckende Bewegungen macht. Sie baut für sie ein Krankenhaus und gibt ihr Wasser, sie ist mitfühlend und möchte das kleine Tier mit in die Gruppe nehmen, um es gesund zu pflegen. Jonas will zur Baustelle, er kennt den Weg dorthin.

2.10.
Wir kochen Gemüsesuppe – die Kinder schneiden das Gemüse. Das Spiel in der Gruppe ist Schiff – sie liegen oben auf dem Stiegenpodest und decken sich zu und spielen Schiff. Andreas ist immer wieder ein wenig ruhig, dann aber sehr lebendig, er meint, er wolle das Haus kaputtmachen. Peter unterbricht Andreas sehr oft, wenn der redet. Wie ein kleines Echo redet er dann mit. Peter ist sehr eigensinnig, was das Essen betrifft.

6.10.
Origami-Tiere aus Buntpapier. Im Morgenkreis ist es sehr unruhig, Gerald will nicht sitzen bleiben.
Lisa weint, als wir ihr das T-Shirt ausziehen, weil es nass ist. Manfred leidet darunter, dass Andreas ihn nicht mit dem Schiff mitnehmen will. Immer wieder hat Andreas nun viele gute Initiativen. Heute will er auf den Matratzen springen, das Schiffspiel hat auch er initiiert. Heute wollen alle Kinder Erdkontakt. Erst im Garten, als ich das Lied „An der Donau möchte ich baden“ für Lisa sang, legten sie sich als Schiffe auf den Boden und rollten den Hang hinunter. Dann hüpften sie auf

den Matratzen und wir spielten nach Donaldson. Ich merkte, dass sie heuer viel Körperkontakt suchen – viele warfen sich auf mich (Andreas, Manfred). Matthäus hat das Spiel gefallen, Gerald sah zu. Gerald ist noch mit seinen eigenen Spielen beschäftigt. Habe noch nicht das Gefühl, dass er „geschlüpft" ist.

7.10.
Manfred ist sehr unruhig. Immer wieder läuft er zu einem anderen, um ihm etwas wegzunehmen. Tanja hatte schon vorige Woche die Idee, ihn mit einem Massageball zu beruhigen. Sie bietet es ihm an. Erst sagt er „Nein", dann aber stimmt er zu. Als wäre er ausgewechselt liegt er da – vollkommen entspannt und ruhig, jegliche Unruhe ist gewichen. Auch Andreas möchte auch mit dem Ball massiert werden.

8.10.
Wir gehen in den Wald. Lisa beginnt davor, am Esstisch nach Mama zu weinen.
Wir können sie nicht beruhigen – sie jammert ständig. Lena hat die Idee, ihr ein Spielgruppentier zu geben, was Lisa schließlich beruhigt. Sie sucht sich Nemo aus. Als wir in den Wald gehen, sehen wir auch im Thalbach einen kleinen Fisch. Da lacht Lisa. Im Wald jammert sie wieder ein wenig, ich gebe ihr mein Handy zum Spielen. Sie wählt die Nummer 144 und möchte auf den grünen Knopf drücken.

9.10.
Nachdem wir sie gezählt haben, braten wir Maroni, aber sie sind schwer zu schälen.
Nach der Jause trommelt Gerald laut auf der großen Trommel. Peter und Matthäus spielen mit – sie klatschen in die Hände und haben dabei viel Freude – ein kleines Orchester.
Andreas hat oft viel Energie, mit der er etwas baut oder ein Spiel initiiert.

10.10.
Musik – Abschluss Bauernhof. Ich lege Nüsse, Kastanien, Kartoffeln, Äpfel, Birnen und Tomaten in die Mitte des Morgenkreises, dazu die hölzernen Bauernhoftiere.

Jedes Kind soll sich ein Lieblingstier aussuchen – Jonas sagt: er hat keines. Ich fordere ihn wiederholt auf, eines zu nehmen. Er hat eine unsichere ängstliche Stimme, als er weiterhin Nein sagt – als ob es ihm einfach darum ginge, nicht mitzumachen. Tanja fällt auf, dass Anne wenig ausgeglichen ist. Freitag kommt ihr Papa, der Musiker ist mit der Gitarre in die Gruppe und Anne strahlt.

13.10.
Andreas erzählt, dass er allein mit Papa am Flughafen Thalerhof war. Er ist sehr ausgeglichen, zeichnet ein Bild vom Flughafen, sieht sich ein Buch an.
Von Sonntag auf Montag schlafe ich oft sehr schlecht. Alles geht mir durch den Kopf – es ist als würde bevor der Alltag wieder beginnt, eine Hinterfragung meiner Absichten und Methoden stattfinden.

Thema Stadt: morgen Ausflug ins E-Werk Gösting.
Wir besprechen in der Gruppe die Gefährlichkeit von Strom im Haushalt. Woraus wird Strom gemacht?
Ich zeige das Kabel eines Bügeleisens, an das ich einen Strommesser anschließe. Wir zählen auf, welche Elektrogeräte es im Haushalt gibt.

14.10.
Besuch im E- Werk.
In einem eigenen Zimmer können die Kinder mit einfachen Stromkreisläufen, Solarstrom und Magneten experimentieren. Sie sind sehr aufmerksam. Vor allem Jonas, aber auch Lisa und Andreas sind fasziniert. An jeder Station wird experimentiert. Fließt Strom? Ja – die Lampe leuchtet!
Der Vortragende erklärt und stellt Fragen, die von den Kindern beantwortet werden können. In einem weiteren Raum ist ein Modell von Gösting mit Stromleitungen und kleinen Lampen, die ein- und ausgeschaltet werden können. Wir suchen das Gebäude des E-Werks.
Dann gibt es eine Jause für die Kinder und viel Informationsmaterial für die Erwachsenen. Info vom Referenten. Auch die für die Atomkraftwerke notwendigen Uranvorräte enden in 20 Jahren. Er denke, nur der bewusste

Umgang mit Energie sei die einzige Möglichkeit mit der Stromknappheit zurechtzukommen.

15.10.
Andreas morgens: ich will ein Rechenspiel. Wir machen ein Montessorispiel, bei dem er sehr aufmerksam ist. Andreas hat viele Ideen – im Wald bemerkte er heute: „Schau eine Waldrutsche."
Waldtag. Bin sehr müde.

16.10.
Kochen. Andreas schaltet den CD-Player ein – sucht selbst das Lied, das er hören will. Peter und Gerald singen gerne, mit den Holzstäben spielen sie Gitarre.
Andreas holt das Kaplabuch – er will bauen. Anne ist sehr konzentriert bei Montessori-Rechenspielen.
Wir zünden ein Feuer auf der Terrasse an und braten im offenen Feuer Kartoffeln. Früher kochten alle ohne Strom.

20.10.
Lisa weint ein wenig, als Mama geht. Heute war das Weinen nur sehr kurz, dann holte sie den Koko und die Windel. Ich beruhigte sie durch die Uhr mit der Abholzeit.
Josef ist sehr aktiv – Spiel mit Pipetten.
Lena ist unglaublich schnell beim Ausmalen kleiner Flächen, malt Details, zur Zeit aber liebt sie Rollenspiele: Zirkus – sie basteln auch den Proviant für den Zirkus.
Manfred meint morgens, er mag nicht, wenn ihn die anderen nicht mitspielen lassen, es ist gut, dass er darüber redet. Gerald liebt Musikinstrumente.
Beim Morgenkreis frage ich die Kinder: „Stellt euch vor es ist kein Strom im Haus, was geschieht?"
Lena: „Im Kühlschrank schmilzt die Butter, keine warme Milch."
Josef: „Kein warmes Wasser, kein Licht."
Spiel: Zirkuszelt bauen – Katze fangen, Essen für Zirkusvorstellung kochen (Himbeerlimonade).

21.10.
Wir bemalen das Indianerzelt. Im Morgenkreis sind die Kinder sehr unruhig.

Immer wieder beginnt einer mit einem neuen Spiel, dann redet Josef dazwischen, es ist heute ziemlich laut.
Im Garten gräbt Josef in gewohntem Eifer alle Topinanbur aus, die er mit nach Hause nehmen will. „Maria, krieg` ich alle?"

22.10.
Gerald beginnt immer öfter mit den anderen Kindern zu spielen (Peter, Lena), Lisa löst sich leicht von Mama, sie klebt ein Bild mit trockenen Blumen und faltet zwei Tiere. Ich muss für sie erst eine Mappe besorgen. Im Wald dann fragt sie doch nach Mama und Papa. Ich sagte in der Gruppe, die sind immer da – im Herzen. Da sieht sie mich an und schüttelt den Kopf. „Nein, da drinnen sind sie nicht, mein Papa ist auf der Baustelle!" Im Wald legt sie sich schließlich mit ihrem Affen Coco auf die Decke und ist sehr müde, sie ist ruhig und zufrieden dabei.
Lena ist intensiv mit Anne im Wald beschäftigt. Vor einer Woche sagte Anne: „Celina ist ein Name, der mir gefällt." Gestern meinte sie: „Schau meine Puppe möchte gerne beim Papa sein, aber das geht nicht immer."
Andreas hat einerseits tolle Ideen, andererseits eine sehr große soziale Kompetenz, wegen der er manche seiner Vorhaben fallen lässt.
Peter mit seinen 2,5 Jahren weiß genau, was er will und was nicht – oft redet er für sich selbst und sieht dabei in den Himmel, als ob er philosophieren würde.
Er lässt sich beim Essen zu nichts überreden – Suppe kosten.

23.10.
Kochtag: Kürbissuppe – Jonas reibt die Kürbisse, beim Essen hat er großen Hunger – dann schüttet er viel Kürbiskernöl in die Suppe. Manfred ist immer noch stürmisch.

24.10.
Reflexion: Was brauche ich, damit es mir gut geht?

1. Genug Raum, um zu reflektieren
2. Unterstützung von Eltern und Umfeld
3. Mitarbeiter, die das Konzept mittragen
4. Auszeiten, ohne Spannungen, welcher Art auch immer
5. klare Trennung Familie – Beruf

Sehen, dass ich nicht alles machen kann und soll. Was mir jetzt möglich ist, gut machen – nicht zu akribisch vorgehen, sondern kontinuierlich. Eins nach dem anderen, nicht alles auf einmal. Arbeiten am individuellen Förderprofil der Kinder.

Stärke spüren bei:
- Zusammensein mit Kindern
- Reflexion von Arbeit
- Muße zum Annähern an Thema

Schwäche bei:
- Kinder zuviel abnehmen, weil ich Bedürftigkeit spüre
- zu viele Themen auf einmal
- unklaren Grenzen
- zu großem Druck – noch nicht innerlich unabhängig zu sein

Notwendiges – nächste Schritte:

1. Klare Struktur für Zusammenarbeit mit Tanja.
2. Wer macht wann was? Vorstellen des Konzepts – noch einmal genauer mit der Arbeit, die nötig ist dazu (Portfolios mit den einzelnen Bereichen).
3. Nur das nehmen, dem ich mich gewachsen fühle – wegen heutiger Familie von Ivan. Auch Rücksprache mit Sozialarbeiterinnen in Gösting.
4. Auszeiten für mich selbst klären (wie viel pro Woche)
5. Gespräche mit Eltern nochmals abklären.

27.10.
Was ist Strom?
Jonas: „Flüssig und blau."
Lena: „Es ist rot und auch flüssig wie Lava."
Lisa: „Ich hab in die Steckdose gegriffen." (Wir sprechen über die Gefahr, des Stroms in der Steckdose.)
Manfred: „Strom ist Steckdose und Haus."
Matthäus: „Steckdose."
Gerald: „Das Kastl und das Fenster (lacht schelmisch)."
Peter: „Blau."
Andreas: „Für mich ist Strom Steckdose und das wars."

Wir basteln ein Telefon aus Papierrollen. Es macht ihnen großen Spaß damit zu telefonieren, auch wenn manche Mühe haben den Faden gespannt zu halten.
Frage, ob ich mich an der Interpädagogika beteilige und auch wie intensiv.
Ob mit Fotos und Namen oder nur mit Fotos ohne Namen, mit Ksenija darüber sprechen.

28.10.
Wir malen den Untergrund für eine Stadt. Franziska ist vollkommen vertieft beim Malen, sie malt länger als alle anderen.
Gespräch mit Geralds Mama über sensible Phasen – mir ist aufgefallen, dass sich sowohl Peter als auch Gerald sehr für Buchstaben und Zahlen interessieren. Sie hörte in Ö1 einen Bericht, dass die asiatischen Völker deshalb so früh mit dem Lese- und Schreibunterricht beginnen, weil mit 2,5 Jahren im Gehirn wichtige Bahnen dafür gelegt werden. Gerald erkennt das „O" von Opa und schreibt es in den Sand, Peter das „O" von Stock, beide greifen immer wieder nach den Buchstaben und Zahlen. Oder sie setzen sich zu einem Kind, das mit Zahlen oder Buchstaben spielt.
Jonas spielt intensiv mit Lena – mit ihrer Sanddornpflückmaschine versuchen sie noch Sanddornfrüchte zu ernten. Lena kocht Tee – mit Kamille, Himbeerblättern und zerquetschten Himbeeren. Sie ist sehr bestimmt und berät sich lange mit Jonas, es kommt nicht vor, dass sie gegen die Regeln handelt. Immer noch möchte sie Ärztin werden.
Gerald, Matthäus und Peter spielen gemeinsam Gitarre und singen dazu „Alle meine Entchen" – später spielen sie ausdauernd und vertieft miteinander bei den Pflastersteinen. Matthäus ist von der großen Baumschneideschere fasziniert – als ich ihn dazu auffordere, schneidet er damit den Duftjasmin und ist danach sichtlich zufrieden.
Wir werden die Stadthäuser aus Lego bauen.

29.10.
Josef spielt oft mit den Zahlenstäbe – er stellt sie nach wie vor auf, was große Geschicklichkeit erfordert.

Die Spiele, die ich ihm vorschlage, nimmt er selten an und beteiligt sich auch am Morgenkreis nicht. Er beklagt sich später über Bauchschmerzen.
Gerald spielt gerne mit Peter, es scheint so, als ob er in die Rollenspielphase eintritt, auch wenn er noch oft allein sehr konzentriert lange spielt. Es ist ihm wichtig, einen Gegenstand von der Gruppe beim Abholen mit nach Hause zu nehmen. Geralds Mama sagte, dass er damit nicht spielt, aber es scheint eine Art notwendiges Band zwische zuhause und Gruppe für ihn zu sein.
Anne ist nach wie vor aufmerksam – zieht sich eher zurück, als den Konflikt zu suchen, mag gerne Regeln. Heute, als Franziska und Manfred stritten hatte sie einen Vorschlag, was zu tun wäre, sagte ihn aber aus Schüchternheit nicht. Schreibt in sehr kleinen Buchstaben „Lena" auf einen Zettel.
Peter ist immer gut gelaunt, manchmal aber etwas müde, dann spielt er mit sich selbst oder legt sich irgendwo auf den Boden.
Manfred will sich nicht aufs Klo setzen, manchmal ist er auch widerspenstig, wenn es um die Einhaltung von Regeln geht – ich weiß dann nicht, ob er meine Aufforderungen manchmal nicht hört, oder ob es seine Methode ist, seine Spiele weiterzuführen.

Woche 3.11- 7.11

Thema: Wir bauen eine Stadt
Fragerunde: Was ist eine Stadt mit den Kindern? Mittlerweile reden alle Kinder etwas im Morgenkreis, auch Peter und Gerald freuen sich schon aufs Reden. Gerald spielt jetzt oft in der Gruppe, mit Peter und Matthäus erfindet er Rollenspiele, sie unterhalten sich lange, suchen nach Ideen und spielen zusammen. Nach wie vor ist Matthäus sehr selbstbestimmt und weiß, was er braucht.

Montag
Eltern-Kind-Gespräch mit Manfreds Mama, Manfred und mir.
Manfred ist aufmerksam, er sieht zwar ab und zu wieder weg und tut als ob er nichts hören würde.
Seine Energie ist Thema (Manfred hat viel Energie - ich erzähle von der intensiven Arbeit, die Manfred oft macht: das

Bauen der großen Mauer unten im Garten. Wir reden auch über Josef, der ihm manchmal etwas zerstört.).
Peter verwendet die Zeiten grammatikalisch richtig. Beim Ausflug in die Stadt sagte er: *„Wir werden mit den Bus fahren.“* Ein paar Tage früher verwendete er das Perfekt, er ist jetzt 2,5 Jahre. Sein Medium ist die Sprache, er experimentiert damit, lacht darüber, kommentiert alles. Wenn sein Bruder redet, redet er einfach dazu. Auf der Murinsel ist ein Kletternetz, von dem alle begeistert sind. Anne ist sehr geschickt beim Klettern. Josef, Andreas und sie finden immer neue Wege im Netz, sie sprechen viel miteinander.
Andreas wird extrovertierter, lacht lauter, ergreift öfter die Initiative, bewegt sich gerne. Mit Anne spielt er im Wald. Noch immer kuschelt er sich gerne an jemanden, von Tanja will er oft massiert werden.
Auch Anne geht mehr aus sich heraus. Mit ihr war am Mittwoch Eltern-Gesprüch. Dabei ließ ich sie, die Personen aus ihrer Umgebung in Form von Holzfiguren aufstellen.
Jonas ist ausgeglichen, kocht mit Begeisterung und isst mit großem Appetit.
Bei der musikalischen Früherziehung singt Lisa ein Lied vor: „Hänschen klein“. Sie singt es von Anfang bis Ende (war im April 2 Jahre). Lisa weiß immer, was sie braucht, sie geht selbst aufs Klo und holt sich die Spiele, die ihr gefallen. Sie kann sich gut ausdrücken „Im Schuh drückt es da vorne, beim Bergabgehen“.
Lena als große Schwester freut sich, dass ihre Schwester da ist, gleichzeitig ist sie ein wenig eifersüchtig. Auch Lena sucht Nähe. Sie bevorzugt nach wie vor Rollenspiele und ist oft nachdenklich. Sie stellt viele Fragen und möchte die Zusammenhänge und Ursachen verstehen. Warum es in Freundschaften zu Streit kommt und wie das Blut durch den Körper fließt. Hört sie Antworten, denkt sie darüber nach. Sie ist feinmotorisch sicher, zeigt aber wenig Interesse an Rechenaufgaben und Schreibübungen.
Ich sehe sie oft Blumen und Himbeeren pflücken, Limonade verrühren und aus Lavendelblüten Tee kochen.
Franziska malt gerne und ausdauernd. Sie ist dabei sehr konzentriert und arbeitet lange und intensiv an ihren Bildern.

9. Was wir uns wünschen

Viele Bereiche der Arbeit mit Kindern sind nicht zähl-und messbar, daher ist es nicht immer leicht eine gemeinsame Sprache zu finden. Durch den integralen Ansatz werden viele der nicht zähl-und meßbaren Entwicklungsschritte transparent gemacht. Es wird aufgezeigt, wie komplex Individualisierung, Gruppen und Systeme sind und wie wichtig ein Austausch ist, um gute Rahmenbedingungen für Entwicklung zu schaffen.
Ich denke an all die Höhen und Tiefen der letzten Jahre, an die Entwicklungen und Rückschläge, welchen Ausblick kann es für uns geben?
Es ist ein wunderschöner Tag im Mai und Tanja und ich beobachten die spielenden Kinder im Garten.
“Was empfindest du in der Arbeit mit den Kindern als besonders wichtig?” frage ich Tanja und bitte sie ihre Gedanken schriftlich festzuhalten.
“Sehr viel Verantwortung, viel Flexibilität erforderlich – hohe Belastbarkeitsgrenze, Arbeit wird als selbstverständlich angesehen – geringe Wertschätzung – und Arbeit wird kaum im realen Ausmaß gesehen, man muß emotional und psychisch gefestigt sein, gut mit den eigenen Emotionen umgehen können, soziale Kompetenz ist erforderlich, Einfühlungsvermögen, Konsequenz, Klarheit, viel Liebe geben und nehmen können” steht auf dem Zettel, den ich wenig später in Händen halte.
Auch ich schreibe auf, was ich als besonders wichtig in der Arbeit mit den Kindern empfinde:
“Ein Verständnis für das Kind und dessen Lebenssituation entwickeln, Stärken wahrnehmen und mitteilen, Lernimpulse zum richtigen Zeitpunkt geben, Wachstum fördern, alles Leben achten, einen Zugang zur Natur schaffen, miteinander reden lernen, eigene und fremde Gefühle wahrnehmen, sich darüber austauschen, auf das Kind eingehen, Impulse aufnehmen, Momente bewußt genießen.”
Einen Tag später stelle ich Marlies, meiner weiteren Mitarbeiterin dieselbe Frage.
“Was ist dir bei der Arbeit mit den Kindern besonders wichtig?”

“Zeit zu haben, beobachten zu können, keinerlei Druck von außen zu bekommen (von Eltern und Vorgesetzten), auf das einzelne Kind (Individualität) eingehen zu können und nicht alle in einen Topf schmeißen zu müssen.”
Astrid antwortet auf die Frage, was ihr als Mutter für ihr Kind in der Gruppe wichig ist:
“Dass es mit seinen Vorzügen und Schwächen wahrgenommen wird, dass es nicht vorverurteilt wird und immer wieder neue Chancen bekommt, dass es Defizite aufholen kann, dass es frei spielen kann und die Fantasie gefördert wird.”
Fritz ein Vater sagt: “Meine Kinder sollen in der Gruppe mit Kindern zusammen sein, denen sie auch außerhalb der Gruppe begegnen, sie sollen ihr Kind-Sein unabhängig von herrschenden Stereotypen leben könne, sie sollen nicht als kleine Erwachsene behandelt werden.”
Den Kindern ist in der Gruppe am wichtigsten: “Spielen in der Gruppe, dass niemand streitet, dass der Walter nicht von der Hannah gehaut wird, dass mir niemand weh tut, dass ich einen Spritzvulkan machen kann, dass so viele Kinder da sind.”
Und was wünscht sich jeder?
Tanja überlegt, dann schreibt sie auf: “Ich wünsche mir, dass richtige Werte erkannt werden, und dass die Individualentwicklung ernster genommen wird. Es geht doch nicht darum, wie hoch ein Turnsaal ist, sondern darum, in welcher seelischen Befindlichkeit ein Kind heranwächst!”
Marlies wünscht sich, dass unsere Arbeit mehr geschätzt und anerkannt wird, dass andere Einrichtungen offener werden und den Mut haben, aus der Reihe zu tanzen.
Astrid als Mutter wünscht sich, dass Klein- und Kleinstgruppen gefördert werden, dass es möglich ist, sein Kind flexibler (das heißt nicht alle 5 Tage) betreuen zu lassen.
Fritz als Vater wünscht sich: „Die Kinder sollen viel in der Natur sein, wenig Spielzeug, wenig differenziertes Plastikspielzeug, Rythmuserfahrungen im sprachlichen und lebenspraktischen Bereich, dass sie Kindern von Eltern begegnen, die egal welcher Rasse und Herkunft Toleranz zeigen.”
Die Kinder wünschen sich, “Dass ich bald in die Schule komm, dass niemand den anderen haut, eine Gartenbahnanlange, einen beyblade, einen Schatz.”
Als ich Evas Wunsch höre kenne ich auch meinen Wunsch:

Ich wünsche mir, dass wir den Schatz, der in jedem Kind ist erkennen und Bedingungen schaffen, durch die ihre Talente gefördert werden, und sie als Individuen und in einer Gemeinschaft wachsen können.

Literatur

Babcock, E. Dorothy/Keepers, D. Terry (1998): Miteinander Wachsen. Chr. Kaiser/Gütersloher Verlagshaus, Gütersloh.

Beck, Don Edward/Cowan, Christopher C. (1995): Spiral Dynamics: Mastering Values, Leadership, and Change. Cambridge Massachusetts: Blackwell Publishers.

Beck, Don Edward/Cowan, Christopher C. (2007): Spiral Dynamics Leadership, Werte und Wandel, Die deutsche Bibliothek- CIP –Einheitsaufnahme.

Berne, Eric (2005): Spiele der Erwachsenen. Psychologie der menschlichen Beziehungen. Rowohlt Taschenbuch Verlag, Reinbek bei Hamburg.

Bettelheim, Bruno (1980): Kinder brauchen Märchen. Deutscher Taschenbuch Verlag GmbH&Co.Kg, München.

Bundesländerübergreifender BildungsRahmenPlan für elementare Bildungseinrichtungen in Österreich (Endfassung, August 2009).

Blanchard, Ken/Bowles, Sheldon (2008): Gung ho. Rowohlt Taschenbuchverlag. Reinbeck bei Hamburg.

Bowlby, John (2006): Bindung. Ernst Reinhardt Gmbh & CoKG, München.

Brunner, Ilse/Rottensteiner, Erika (2002): Auf in die schillernd bunte Welt der Begabungen. Schneider Verlag GmbH.

Canacakis, Jorgos (1994): Auf der Suche nach den Regenbogentränen. Heilsamer Umgang mit Abschied und Trennung. Bertelsmann Verlag, München.

Canacakis, Jorgos (2006). Ich sehe deine Tränen. Kreuz Verlag Stuttgart.

Ciompi, Luc (2005): Die emotionalen Grundlagen des Denkens. Entwurf einer fraktalen Affektlogik. Vandenhoeck & Ruprecht in Göttingen.

Dachverband der basisdemokratischen Kindergruppen Österreichs (2010). Böe. Manifest der Erwachsenen in elternverwalteten Kindergruppen. In: www.kindergruppen.at [Zugriff am 20.09. 2010].

De Roeck, Bruno- Paul (2004): Gras unter meinen Füßen. Eine ungewöhnliche Einführung in die Gestalttherapie. Rowohlt Taschenbuch Verlag, Reinbek bei Hamburg.

Dreikurs, Rudolf (1999): Selbstbewußt. Die Psychologie eines Lebensgefühls. Deutscher Taschenbuch Verlag GmbH& CoKG München.

Erikson, Erik H. (1973): Identität und Lebenszyklus. Suhrkamp Verlag, Frankfurt am Main.

Fthenaikis, E. Wassilios (2003): Elementarpädagogik nach Pisa. Wie aus Kindertagesstätten Bildungseinrichtungen werden können. Herder, Freiburg im Breisgau.

Fuhr, Reinhard (2004): Integrale Pädagogik – eine konkrete Utopie. Pädagogisches Seminar der Universität Göttingen, c R. Fuhr- Version 4/2004.

Gilligan, Carol (1990): Die andere Stimme. Lebenskonflikte und Moral der Frau. Serie Piper Frauen, München.

Grof, Stanislav (2002): Psychologie der Zukunft. Erfahrungen der modernen Bewusstseinsforschung. Edition Astrodata, Wettswil.

Habecker, Michael (2007): Ken Wilber – die integrale (R)EVOLUTION. Einführung in Theorie und Praxis eines neuen spirituellen Ansatzes (2. Aufl.). Info3-Verlag, Frankfurt am Main.

Hellinger, Bert (2002): Zweierlei Glück. Konzept und Praxis der systemischen Psychotherapie. Wilhelm Goldmann Verlag München.

Hollerer, Luise/Seel, Andrea (2005): Schultütenkinder. Leykam Buchverlag, Graz.

Holtstiege, Hildegard (1993): Modell Montessori, Grundsätze und aktuelle Geltung der Montessori-Pädagogik. Verlag Herder, Freiburg im Breisgau.

Internet-Portal der im Wort und Bild Verlag erscheinenden Gesundheitsmagazine (2010). Baby-und-familie/zu Fuß zur Schule: Neun Tipps für den sicheren Schulweg. In: www:babyund familie.de/Straßenverkehr-Kinder reagieren anders [Zugriff am 07.03. 2010].

Jäger, Willigis (2008): Anders von Gott reden. Verlag Via Nova, Petersberg.

Kahl, Reinhard (2004). Spitze – Schulen am Wendekreis der Pädagogik. Warum Schulen in Skandinavien gelingen.

Kernberg, Paulina/Weiner, Alan/Bardenstein, Karen (2005): Persönlichkeitsstörungen bei Kindern und Jugendlichen. Klett Cotta, Stuttgart.

Konecny, Edith/Leitner, Marie- Luise (1995): Psychologie. Braumüller, Wien.

Krok, Göran/Lindewald, Maria (2007): Portfolios im Kindergarten. Das schwedische Modell. Lernschritte dokumentieren, reflektieren, präsentieren. Verlag an der Ruhr.

Küspert, Petra/Schneider, Wolfgang (2006). hören, lauschen, lernen. Sprachspiele für Kinder im Vorschulalter. Würzburger Trainingsprogramm zur Vorbereitung auf den Erwerb der Schriftsprache. Vandenhoeck & Ruprecht, Göttingen.

Langmaack, Barbara/Braune Krickau, Michael (2000): Wie die Gruppe laufen lernte. Beltz Verlag Weinheim.

Michaelis, Daniela/Mikula, Regina (2007): Die Babuschkas tanzen in die Pädagogik hinein. Metamodell Lernen und TIP(s) integraler Lernpraxis. ibidem Verlag, Stuttgart.

Montessori, Maria (1996): Das kreative Kind. Verlag Herder, Freiburg im Breisgau.

Neill, Alexander Sutherland (1998): Theorie und Praxis der antiautoritären Erziehung. Das Beispiel Summerhill. Rowohlt Taschenbuch Verlag, Reinbek bei Hamburg.

Papilio (2010). Bundesweite Vorbeugung gegen Gewalt und Sucht, Förderung sozial-emotionaler Kompetenz im Kindergarten. In www.papilio.de [Zugriff am 07.03. 2010].

Pearce, Vincent (1994): Der nächste Schritt der Menschheit. Die Entfaltung des menschlichen Potentials aus neurobiologischer Sicht. Arbor Verlag, Freiamt.

Perls, Frederick S. (1995): Goodman Paul. Gestalttherapie Grundlagen. Deutscher Taschenbuchverlag, München.

Pfeffer, Simone (2002): Emotionales Lernen. Ein Praxisbuch für den Kindergarten. Beltz Verlag, Wertheim und Basel.

Prekop, Irina (1999): Hättest du mich festgehalten. Grundlagen und Anwendungen der
Festhalte-Therapie. Wilhelm Goldmann Verlag, München.

Preußler, Ottfried (2005): Der Räuber Hotzenplotz. Thienemann Verlag, Stuttgart,

Recheis, Käthe (2001): Bruder der Bären. dtvjunior, München.

Reichel, Rene/Scala, Eva (1996): Das ist Gestaltpädagogik. Grundlagen, Impulse, Methoden, Praxisfelder, Ausbildungen. Ökotopia Verlag, Münster.

Reicher, Hannelore (2005): Qualitätsvolle familienergänzende Betreuung im Kindergarten, Hauptreferat. Fachtagung: „Kinder fürs Leben stark machen". Was brauchen Kinder für ihre positive Entwicklung in der familienergänzenden Betreuung, (31. Mai 2005), Bildungshaus Mariatrost, Graz.

Scambor, Elli (2010): Die 4 Schritte der Gender Mainstreaming Umsetzung im Bereich der institutionellen Kinderbetreuung. In: http://www.irsocialresearch.at/filesGeM Praxishandbuch.pdf [Zugriff am 10.03.2010].

Schellenbaum, Peter (2005): Die Wunde der Ungeliebten. Blockierung und Verlebendigung der Liebe. Deutscher Taschbuch Verlag, München.

Schellenbaum, Peter (2002): Die Spur des verborgenen Kindes. Heilung aus dem Ursprung. Deutscher Taschenbuchverlag, München.

Schiffer, Eckhard (1999): Warum Huckleberry Finn nicht süchtig wurde. Anstiftungen gegen Sucht und Selbstzerstörung bei Kindern und Jugendlichen. Beltz Verlag, Weinheim und Basel

Schulz, Andreas (2010): Wilber – Grundlagen. Der integrale Ansatz.doc. Selbst erstelltes Manuskript, Graz.

Steenberg, Ulrich (2001): Kinder kennen ihren Weg. Kinders Verlag, Ulm.

Steiner, Rudolf (1994): Elemente der Erziehungskunst. Verlag freies Geistesleben, Stuttgart.

Suntinger, Katja (2007): Integrale Pädagogik. Vorschulpädagogik integral. Modelle in Theorie und Praxis zur Didaktik für 3-6-Jährige. Diplomarbeit, Institut für Erziehungs- und Bildungswissenschaften, Karl-Franzens-Universität Graz.

Tietze, Wolfgang/Schuster, Käthe-Maria/Grenner, Katja/Roßbach, Hans Günther (2001): Kindergartenskala, Skalen zur Erfassung und Unterstützung pädagogischer Qualität in der Tagesbetreuung. Luchterhand Verlag, Berlin.

Ulsamer, Berthold (1999): Ohne Wurzeln keine Flügel. Die systemische Therapie von BERT HELLINGER. Wilhelm Goldmann Verlag, München.

Wilber, Ken (2000): Das Spektrum des Bewusstseins. Eine Synthese östlicher und westlicher Psychologie. Rowohlt Taschenbuch Verlag, Reinbek bei Hamburg.

Wilber, Ken (2001a): Ganzheitlich handeln. Eine integrale Vision für Wirtschaft, Politik, Wissenschaft und Spiritualität. Arbor Verlag, Freiamt.

Wilber, Ken (2001b): Vom Tier zu den Göttern. Die große Kette des Seins. In: Zundel, Edith (Hrsg.). Verlag Herder, Freiburg im Breisgau.

Wilber, Ken (2002): Das Wahre, Schöne und Gute. Geist und Kultur im 3. Jahrtausend. Fischer Taschenbuchverlag, Frankfurt am Main.

Wilber, Ken (2006): Einfach das, Tagebuch eines ereignisreichen Jahres. S. Fischer Verlag, Frankfurt am Main.

Wilber, Ken (2007): Integrale Spiritualität, Spirituelle Intelligenz rettet die Welt. Kösel Verlag, München.

„Bildung hat keine Bedeutung, wenn sie den Menschen nicht hilft, das weite Feld des Lebens mit all seinen Feinheiten zu verstehen, mit seiner ungewöhnlichen Schönheit, seinen Sorgen und Freuden.“ (Krishnamurti)